माँ माटी मानुष

चुनी हुई कविताएँ

माँ माटी मानुष

चुनी हुई कविताएँ

ममता बनर्जी

अनुवाद

सोमा बनर्जी

प्रतीक सिंह

राजकमल प्रकाशन

ISBN : 978-93-87462-73-1

मूल्य : ₹495

पहला संस्करण : 2018

प्रकाशक : राजकमल प्रकाशन प्रा. लि.
1-बी, नेताजी सुभाष मार्ग, दरियागंज
नई दिल्ली-110 002

शाखाएँ : अशोक राजपथ, साइंस कॉलेज के सामने, पटना-800 006
पहली मंजिल, दरबारी बिल्डिंग, महात्मा गांधी मार्ग, इलाहाबाद-211 001
36 ए, शेक्सपियर सरणी, कोलकाता-700 017

वेबसाइट : www.rajkamalprakashan.com
ई-मेल : info@rajkamalprakashan.com

मुद्रक : यश प्रिंटोग्राफिक्स
नोएडा-201301 (उत्तर प्रदेश)

MAA MAATI MANUSH
Selected poems by Mamata Banerjee

समर्पित

मेरे हिन्दी-भाषी भाई-बहनों को

कवि की कलम से

कई भाषाओं की जन्मभूमि भारतवर्ष से जितना मुझे प्रेम है उतना ही प्रेम है इस पुण्यभूमि की सारी भाषाओं से भी। इन भाषाओं में हिन्दी भाषा मुझे विशेष प्रिय है। संसदीय राजनीति में मेरे कदम रखने के वर्षों पहले ही इस भाषा के साथ मेरा परिचय और सम्बन्ध दोनों स्थापित हो चुका था। केवल किसी विशेष प्रयोजन से यह भाषा सीखने के लिए मैं बाध्य नहीं हुई बल्कि बिना प्रयोजन के विभिन्न क्षेत्रों में जिस तरह से यह भाषा मेरे काम आई, इसी कारण ये भाषा मेरी प्रिय भाषा बन गई। केवल बंगाल के इस पुराने शहर कलकत्ता में ही नहीं बल्कि बंगाल के प्रत्येक जिले में जो भाषा वैचित्र्य है, हिन्दी भाषा की कद्र सर्वाधिक है। इसके फलस्वरूप हिन्दी-भाषी भाई-बहनों को समझने के लिए, उनके साथ भावों का आदान-प्रदान करने के लिए हिन्दी भाषा मेरी सम्प्रेषण-माध्यम बन गई। मुझे इस भाषा से उतना ही लगाव है, जितना लगाव इस भाषा के बोलने वालों से है। मेरी कविताओं के भाषांतरण का जब प्रश्न आया तो मेरे चित्त में पहली भाषा के रूप में हिन्दी ही आई। क्योंकि मैं जानती हूँ कि यह भाषा मेरी कविताओं के भाव और विषय-वस्तु को अधिक से अधिक लोगों तक पहुँचा पाएगी—पूरे देश में और देश के बाहर भी हिन्दी-भाषी लोगों तक पहुँचा देगी। इस परियोजना को जन-जन तक पहुँचाने का कार्य अनुवादक प्रो. सोमा बनर्जी एवं प्रतीक सिंह ने किया है। इन दोनों के प्रति मैं अपनी हार्दिक शुभकामनाएँ व्यक्त करती हूँ। साथ ही धन्यवाद देती हूँ दिल्ली के राजकमल प्रकाशन को जिन्होंने आगे बढ़कर

मेरी भावनाओं को जन–मन तक पहुँचाने का कार्य सुसम्पन्न किया है। धन्यवाद देती हूँ 'नृसिंह दा' (नृसिंह प्रसाद भादुड़ी) को भी जिनके बिना यह कार्य सम्पूर्ण नहीं होता।

सब शुभ हो!

—ममता बनर्जी

अनुवादक की कलम से

पश्चिम बंगाल की मुख्यमंत्री एवं बांग्ला भाषा एवं बांग्ला माटी की सुप्रसिद्ध जन-नेत्री सुश्री ममता बनर्जी की कविताओं का हिन्दी में अनुवाद करना मेरे लिए सुखद आश्चर्य और अद्‌भुत अनुभव की बात है। 2011 के सिंगुर और नंदीग्राम आन्दोलन के बाद से ही माननीय ममता जी के हृदय से प्रस्फुटित 'माँ, माटी और मानुष' उनकी जनसंघर्षी छवि और मनुष्यता के प्रति उनकी जनधर्मिता को ही व्यक्त करती है। 2017 में जब उनकी जनधर्मी भावना 'कन्याश्री' को वैश्विक स्तर पर ख्याति मिली तभी से विश्व उनकी भावनाओं को और नजदीक से जानने के लिए आतुर हो उठा। हिन्दी-भाषी समाज में भी उनको लेकर कौतूहल अपने चरम पर पहुँच चुका था। ऐसे समय में बहुमुखी प्रतिभा और कलासम्पन्न जन-नेत्री की भावनाओं और अनुभवों को हिन्दी में शब्दबद्ध करना मेरे लिए अद्‌भुत अनुभव और सुखद आश्चर्य ही रहा है।

किसी कृति का एक भाषा से दूसरी भाषा में अनुवाद करना एक चुनौतीपूर्ण कार्य है। पहले से रची गई किसी विशिष्ट भाषा की रचना अपनी बोलियों और मुहावरों से सजी प्रभावी होती है, उसी प्रभाव के साथ दूसरी भाषा में भी उसका रूपान्तरण अभिप्रेत होता है। अनुवादक इसी चुनौती के सम्मुखीन होता है और इसीलिए ढेर सारी दुविधाओं और शंकाओं से घिरा होता है। हमारी स्थिति भी इससे इतर नहीं रही। ममता बनर्जी सरीखी लोकप्रिय नेत्री की बंग-भूमि के प्रति ममता उनकी कविताओं की विशिष्टता है।

इस संग्रह की कविताएँ कवयित्री सुश्री ममता बनर्जी के बंग-भूमि के जंगल, पहाड़, नदियों और फूलों के प्रति उत्साहित स्नेह की कविताएँ हैं। इन कविताओं में बंग-भूमि के साथ-साथ पूर्वोत्तर राज्यों के भी रूप, रस और गन्ध से परिचित हो सकेंगे। सुश्री ममता जी बंग-भूमि से इतना स्नेह करती हैं कि आपको उनकी कविताओं में बंगाल का रोम-रोम प्रदर्शित होता दिखाई देगा। उन्होंने बंगाल के लिए जो संघर्ष किया है, वह बंगाल को एक सुसंस्कृत स्वप्निल भूमि के तौर पर ही विकसित करने की भावना से परिपूरित हैं। उनकी समस्त कविताएँ बंगाल और कवि गुरु रवीन्द्रनाथ ठाकुर के गौरवमयी संस्कारों का ही परिणाम हैं। इतने गहन लगाव से उत्सर्जित स्नेहिल स्वर आत्मीयता की नई परिभाषाएँ गढ़ता है, संवेदित करता है। आशा है यह अकिंचन प्रयास कविता-प्रेमी हृदयों को हताश-निराश नहीं करेगा।

—सोमा बनर्जी
प्रतीक सिंह

अनुक्रम

स्वर्णिम बंगाल

प्यारी है मुझे बंगाल की मिट्टी,
पवित्र मिट्टी यह है स्वर्णिम मिट्टी।

इस मिट्टी में जन्मे हैं रवीन्द्र व नज़रुल,
एक ही वृंत के पुष्प हैं आलोकमय दो फूल।

प्राकृत सभ्यता जन्मी है इसी बंगाल में,
नव संस्कार जागृत हुए नवजागरण की बयार में।

सभ्यता की इसी पीठ पर हम जलाएँगे दीप,
नवरूप में प्रज्वलित हो बंगाल में सभ्यता का प्रदीप।

माँओं के मंगल-शंख बजें बंगाल के हर घर में,
नई पीढ़ी पतवार सम्हाले आज भारत के दरबार में।

इसी मिट्टी पर तैयार करेंगे हम उन्नति की घाटी,
हम लोगों का यही बंगाल बने सोने से भी खाँटी।

सागर के मुहाने पर

नदी चली जाती है सागर के मुहाने पर,
निहारिकाएँ जलती हैं आकाश के किनारे पर।

स्वर्ग शायद है सुख का देवालय,
नर्क है शायद दुखों का यमालय।

छोटी छोटी मछलियाँ शैवाल खाकर बचती हैं,
बड़ी मछलियाँ केवल ताल ताल नाचती हैं।

मत्स्य-न्याय, खा लेना चाहे छोटों को,
माया ममता छू नहीं पाती उन सबों को।

गंतव्य-स्थल सभी का होता है, छोटे से बड़ा होना,
समय के साथ ताल बैठाना, काम है बड़ा प्रखर या तीखा।

मुक्ति तो सारे चाहें
मुक्ति क्या सारे पाएँ?

मुक्त नदी की अबाध गति सागर पान को जाय,
जबकि सागर भी मन खोल कर पथ दिये जाय।
मनुष्य क्या हो नहीं सकता सागर के ही तर्ज पर,
संग मिल जाय मानव-मानव के मिलन मुहाने पर?

आधी रात

आधी रात के अन्धकार में जब सभी सोये रहते हैं
देखने में मुझे अच्छा लगता है
मन होता है कितना सुखी।
और अन्धकार की भयावह रात में
अच्छा लगता है मुझे पथ प्रशस्त करना
अनुभव बने मन पाखी।
सारे जब सोये रहते हैं
पक्षी–कलरव रहता है निस्तब्ध
रास्ता रहता है जन मानव हीन।
मील दर मील चल कर
अन्धकार को दोनों आँखों से
अपने को लगता है तब बहुत स्वाधीन
यही तो है असली पथ
अँधेरा दिखाएगा नया जगत
यही है जीवन की आशा
मैं आधी रात से प्यार करती हूँ
घंटा पर घंटा अतिक्रम कर पथ
देखती हूँ सूर्योदय का प्रकाश।
भोर में उठ कर कोई काम पर जाये
कोई और नया फिर उपाय ढूँढ़े
देखने में अच्छी लगती नई आस।
प्रकाश के संसार को तो सभी देखें
सूर्यालोक के मध्य से होकर

आधी रात को क्या कोई देखता है?
जो देखते हैं वे जानते हैं
अँधेरे की राह उन्हें खींचे
जिन्हें न कोई पीछे खींचते हैं।

जो खुद ही खो जाना चाहे
जीवन में उन्हें ज़िम्मेदारी लेनी पड़ती है
इसीलिए आधी रात के अन्धकार में

कोई डूबा रहता सपनों में टहलता
कोई लेता विश्राम।
मुझे लगता है यही है जीवन
यही है बड़ा आश्रम॥

समुद्र की लहर

समुद्र की लहर कब आएगी
समझ कर भी समझा नहीं जाता
जीवन में समस्या कब आएगी
उसे भी समझा नहीं जाता

विपद कभी अकेली नहीं आती
साथ में आते हैं और भी आघात
यही जीवन का है निर्मम सत्य
आघात के ऊपर आघात

सुख जब बढ़ आता है
एकता को पंख अपने आप मिल जाता है
सुख के बीच सुख-निद्रा
आकाश-विचरण को मन उड़ जाता है।

मुक्ति का स्वाद उन्हें ही मिला है
जो हैं बन्धन से मुक्त,
पराधीनता याद दिला देती है
साँकल कितनी सख्त।

समुद्र में जब लहरें उठतीं
हृदयस्पन्दन की गति बढ़ जाती

यदि कोई लहरों में डूब जाये
चोरी की बालू की बात क्या याद आए।

मानव जीवन भी है समुद्र की भाँति
चलता रहता अपने छन्द पर
कभी उत्थान कभी पतन है
भावना भरी रंध्रों रंध्रों पर।

अंडमान और निकोबार

सागर और हरीतिमा के बीच
हरा टापू लाया है हमें खींच
अंडमान और निकोबार
लगता है कितना निजी घर।
दुर्गम सागर और हरीतिमा के बीच में
कितने लोगों ने घर बनाया बचने की आस में
कितने दुख कष्ट सह, दुरन्त गति से हैं आगे बढ़े
विराम नहीं, ग्लानि नहीं, सागर चला है साथ लिये
बीच बीच में छोटे छोटे द्वीप
लगता है जैसे साँझ को जलाते हों इच्छा-प्रदीप।
जारवा में हैं अभी भी अनेक आदिम वन्य
प्रयास से भी न सम्भव हुआ देखना वह अरण्य
हरे द्वीप के लोक-जन हैं कितने शान्त
दुर्भेद्य अंचल में भी हैं वे कितने प्राणवन्त
आते जाते रहते हैं लोग कितने अंडमान-निकोबार में
सबका समादर करता अंडमान गृहवासी के एतबार में।
अंडमान की माटी में है स्वाधीनता का इतिहास
सेलुलर जेल में आज भी सुना जाता बंदियों का निःश्वास।
सागर और हरीतिमा के बीच में
प्यार और अन्तस के खिंचाव में
लगता है जैसे हो यह अपना घर
अंडमान और मनभावन निकोबार।

हरियाली

हरियाली बचाओ हरियाली जगाओ
हरियाली बचाकर विवेक दिखाओ
हरियाली को ध्वंस करो मत
सृष्टि का मूलोच्छेदन करो मत
वे भी तो बचना चाहें
वे भी तो हँसना चाहें
उनके मुँह पर भी हँसी को लाओ
नए युग के आह्वान में
नई पीढ़ी दिली–चाह में
चला है नया नवीन की खोज में
मुक्ति चली है शान्ति के बन्धन में
हरियाली चली है युग के आह्वान में
हरे रंग में लाल कभी न होता
हरियाली को बसन्त का सौरभ भाता...
वे भी तो खेलना चाहें
वे भी तो प्रकाश दिखाएँ
इसीलिए आओ, उनके सीने पर सोना टपकाएँ!

सुबह

सुबह की जमीनी हवा में
मानस–कली छुपकर खिल रही है।
मीनार के गुंबद में सुन्दरता बिखरी
तबले की सुरीली थाप फैल रही है।

विह्वल बाउल एकतारा के खिंचाव से
लाल माटी में ठमक ठमक जा रहा है।
सुबह सुबह तुलसी– लग्न में
तूलिका के खिंचाव से तुलसी रंग पकड़ रही है।

घर के ऊपरी कोने की मिट्टी की सतह पकड़
कौन रोता है मिट्टी के इस धरा के निकट!
अलसुबह ही भूख का अहसास बढ़ा है
स्मृति क्यों पीछा करती सृष्टि–प्रात के निकट!

जल में झिलमिल आँखों के तारे
म्लान हुआ है मुखमण्डल
सुबह सारे आँगन में एकत्रित
पिपासार्त झड़ा हरसिंगार सुबह।

सोचा था गूँथेगी हरसिंगार की माला
सजाएगी कासफूलों का बाग

भूख के कारण भिक्षा–पात्र की ठनठनाहट में
दीर्घ रात्रि में दीखे संकट गवाक्ष।

क्षण के अल्पांश में पृथ्वी गायब
माटी की पृथ्वी भूखी रहे।
सुबह की पस्त मानस कली
सब के लिए न तैयार रहे॥

सूर्य

सूर्य, तुम भी तो जानते हो
तुम्हें भी एक दिन जाना होगा
मृत्यु की गोद में।

पृथ्वी यदि हो जाय शेष
तब तुम क्या रहोगे चिरदिन?
जाओगे रसातल में!

पृथ्वी की जीवन पंजिका कितने दिनों की
प्रकृति क्या कभी चिरस्थायी
तब तो यह है विरलों में।

जन्म और मृत्यु यदि होतीं अंतिम बातें
पृथ्वी के दिल में भी होतीं बहुत संघातें
आग और हवा में।

सबका अन्त है तुम तो जानते हो,
तब तुम क्या होगे अविनश्वर
ढाल न जाओगे।

तुम्हारी माता कौन, आकाश न कि पृथ्वी
तुम तो नहीं कोई छवि
विस्मय के पीछे।

इस पृथ्वी का यदि हो आना जाना
तुम शायद हार मानो हार
सजल नयन से।

माटी के आदमी हम तो सोचें
तुम सूर्य आकाश के विस्मय
इतिहास बनाए।

हम नहीं चाहते तुम जाओ
अपनी किरणों से सबको जगाओ
जागृति के प्रात में।

सूर्यास्त की छाया बेणु-वन के तल में
तुझे मनप्राण से रखूँ सबसे आगे
डाल विजय-माल गले।

पृथ्वी को तुम्हीं सम्हाल रखोगे
मनुष्यता को रखो, सर्वदा पहले
जाओ मत पथ भूल।

हरा–2

हरित क्रान्ति के बिना
  भूमंडलीकरण नहीं होता।
हरियाली में ही सृष्टि–संस्कृति
  यही आईना–ए–सभ्यता॥

हरा, हरियाली की बड़ी सम्पदा
  अबूझों ने न जाना
शस्य–क्षेत्र में हरी फसल
  हृदय की है झूलना।

तरुणों की तरुणाई है दर्पण–हरा
  प्राणवन्त सम झरना
हरा हरे का पारस मणि है
  उपन्यास की सुकन्या।

तुम्हारे सुरभित पल्लवों में
  मेरा प्रभात है
तुम्हारे हरसिंगार के सौरभ में
  मेरी ज्योत्स्ना–रात है।

हरित–साम्राज्य की ग्रास–स्पर्धा
  माँ की गोद की है लांछना

किसने दिया है यह दुस्साहस
हरित-करण की हो वंचना।

विश्वायन हेतु हरियाली का ध्वंस
किसने दिया यह अधिकार
अधिकार-प्रदीप की जलती बत्ती को
अन्धकार की फुफकार॥

हरियाली घिरी शान्त पृथ्वी
विश्व-जननी का स्वप्न
हरियाली का ध्वंस हो तो
विश्वायन भी होगा भग्न॥

मिट्टी

प्यार करूँ मैं मिट्टी की पृथ्वी से
मिट्टी क्या होती है कभी अजनबी?
मिट्टी में ही माँ को खोजती
मिट्टी है सत्य यही समझती॥

मिट्टी का विकल्प मिट्टी में है
युगों युगों रहती है मिट्टी
आँखों के तारों में मिट्टी नाचे रे
सर्वत्र ही सजी दीखती है यह पावन मिट्टी॥

माटी के साधन से भरी अंजली
सृष्टि के प्रांगण में माटी खाँटी
है परम आत्मीय हमें यह मिट्टी
सीखें चलना मिट्टी पर ही॥

ऊर्ध्व फलक पर धूल उड़ा
भूमि वीरांगना है जीवन भुवन में
शुष्कता और शीतलता के संधि क्षणों में
मिट्टी रहती है अपने दम-खम में॥

इसी मिट्टी में जीवन है शुरू
यही मिट्टी है हमारी गुरु
इसी मिट्टी में हरे वृक्ष
मिट्टी की पृथ्वी है जीवन अरु॥

प्रभात

सुन रही हूँ मैं प्रभात–पाखी का गान
गीत से रँगी सूर्य–तूलिका
जीवन का माधुर्य दान॥

उष:काल में किचमिचाहट का सुर
खींच ले जाता बहुत दूर
हृदय हो जाता है भरपूर॥

उषा के लग्न में उपलब्धि के गगन में
ढूँढ़ पाती हूँ विश्व–छवि
वह है प्यार योग्य पृथ्वी॥

आकाश में हवा में भूलोक में दो लोक में
सुनती हूँ जीवन का गान
जीवन है शान्ति का पीठ–स्थान॥

नहीं चाहती संकीर्ण अन्धी अमरता का कुआँ
धरा पर चाहूँ प्रकाश और
सबके लिए हो प्यार॥

ढूँढ़ती फिरती पूर्वी–गीति आकाश में
सुन्दर शुभ धरणी
वही मेरी तरणि॥

ढूँढ़ती फिरूँ नाना गन्धमय वसुंधरा
उषा के मित्र सह साक्षात
नई पीढ़ी के प्रभात के साथ॥

क्षुद्र जीवन जीते जन के प्रभात में
बचूँगी बीच प्रभातों के ही
प्रभात-प्रभावित साज में ही॥

यदि

1

यदि होता एक इच्छाओं का बाग
तो उसमें कली होकर प्रस्फुटित होती।

यदि पाती एक गुच्छा बीज-धान
तो धान की फुनगी पर जा बैठती।

यदि रहता एक छोटा सा तालाब
तो मछलियों की भाँति तैरती रहती।

2

यदि रहता एक मिट्टी का कुटीर
तो दिन कटते बिलकुल सहज सरल॥

यदि रहती केवल फूलों की माला
तो दिल झूलता केवल इधर उधर॥

यदि पेड़ों संग होता इक हिंडोला
तो कटती सारी बेला चढ़कर उसपर॥

3

यदि रहते परियों से डैने
तो होती छोटी पाखी का बच्चा।

यदि होती यमुना बहन गंगा की
तो मेघ–सागर में होती (मेघना।)

यदि कभी शायद बुलाती कंचन–कन्या
तो खुशी से हो जाती वन्या॥

4

यदि धरती पर उतरते आकाश चाँद
तो तारा बनकर मिटाती चाह।

यदि होती अनजानी नदियों का बाँध
तो बालू बनकर बनाती छत–छाँव।

यदि होती घूमती धूलों में गोधुली का फन्दा
तो धूलों में मिटाता जीवन की चाह॥

5

यदि शायद जो होती वैशाख काल का तूफान
तो बन्धन न रहता मुझ पर।

यदि पाती किसी भिखारिन का घर
तो नहीं मानती किसी को ऊपर।

यदि आधी रात को रहती नींद घोर
तो हो जाती सुबह की भोर॥

माटी–1

मिट्टी में छुपी हुई है
    इच्छा की जन्म–भूमि
लौटा दो लौटा दो
    हमारी कर्म–भूमि॥

आज त्राताओं का दंभ बहुत
    निष्ठुर तुम महाजन
साधारण लोगों को न मान सके
    अपना और स्वजन॥

चिन्तन में घुन लगा है
    अफीम बनी व्यंजना
पूँजीवादी जादू के जादूगर सब
    विवेक के नाम वंचना॥

अतीत अब घड़ियाल के पेट में
    वर्तमान है हीरे की खान
सफ़ेद काले के अतल गह्वर में
    पृथ्वी धनिकों का ध्यान॥

जननी कहाँ है तुम्हारा आसन
    कहाँ पूजा का अर्घ्य

माटी का आदमी शायद मिट्टी में मुक्त
अर्थ चेतना का स्वर्ग॥

छीना है तू ने माता का आँचल
लूटी है हमारी माटी
माटी का विकल्प जननी जन्म-भूमि
नहीं होता आम की आँठी (गुठली)॥

तुम लोग कौन
माटी जन्मा
शोषक कौन?
144 धारा॥

त्राताओं के वास्ते
नहीं क्या कारा?
उन सब के लिए
कानून हारा!

तुम लोगों का ठिकाना
सिंगुर थाना
टाटा लोगों का ठिकाना
बन्दूक खाना॥

कितना सुन्दर सिंगुर
धान से भरपूर
माटी कहाँ?
दोपहर में चूर॥

माटी-2

माटी को जबर्दस्ती दखल कर लेने से ही
माटी क्या कभी परायी होती है?
अथवा माटी पर से धक्का देने पर
माटी दूर रहती है?

जबर्दस्ती ज़मीन छीन लेने पर ही
ज़मीन क्या दूसरे की होती है?
अथवा ज़मीन पर बेड़ा लगा देने पर ही
ज़मीन शठों की दखल जाती है?

माटी से नहीं है जिनका कोई सम्पर्क
माटी में जिनकी माटी खो जाती है
वे करते हैं माटी को दखल
नहीं जानते कि माटी विद्रोह जताती है॥

माटी का मानुष माटी में सोना
अन्यों का स्थान माटी की फना में
माटी के रूप में पृथ्वी की दस भुजाएँ
प्रज्वलित करें अग्नि अंगना में॥

माटी का कण मातृभूमि का दान
होता न इसका क्षरण वज्रप्रकाश में

श्यामला-विपुला ये माटी के कण
रहे अटूट माटी के कण युगों युगों में॥

उस मिट्टी में जन्मे यदि माटी खोया नवांकुर
तब माटी मेघ चन्द्र के क्रोधित स्वर से काँपे॥
आहत माटी उपभोग की तृष्णा
नंगे बालक को सोचवाए॥
माटी का यदि अपमान करोगे
माटी जवाब देने की अपेक्षा में रहती
माटी को जो पत्थर समझें
माटी उनके लिए मृत्यु का भय बनती॥

समझते हो माटी नयन मूँद अलसाई है
ज़ोर लगा कर दखल की जय
उन्हें यह माटी कहती, वह जन्म-मृत्यु
कभी भी क्षमा नहीं करती, वह निर्भय॥

युगों युगों से इस माटी के माहात्म्य से
मनुष्य-जाति धरा पर जन्म पाय
वही माटी यदि दूर चली जाय
तो माटी ध्वंस, करेगा अन्याय॥

माटी की पृथ्वी मनुष्यों के लिए
माँ-माटी-मानुष माटी में सोहे
जो माटी को बहरा समझें
करें प्रतीक्षा, माटी की जय उत्तर चाहे॥

बर्बरता जंगल में

बर्बरता जंगल में...
'बर्बरता' कहते कहते,
सुनते सुनते जो शाल के पेड़
कतारों में रहकर ग्रीवा हिलाते,
वे बन गए आज अयोग्य।

बेलचे और कुल्हाड़ी के आघात से
उनके सीने सारे सब विदीर्ण।
रुदन ताकि कोई सुन न पाये
इसीलिए ट्रक में भरकर उन्हें
रस्सी से बाँधकर ले गए बाहरी जन।

शाल (पियाल) का वहशत जंगल
अभी तो है खाली!
कुछ कुछ कांड लेकर
छाती बाँध दबे नि:श्वास से
वह है खड़ा अकेला।

यदि कोई उनकी इस दुर्दशा पर
सिर उठाए, इसी भरोसे पर!

कहता है, हाड़-मांस सभी कुछ तो लिया
जंगल की हरियाली को पचा खाया
इससे भी न हुआ?

सीने में उनके गंभीर घाव
रक्त जमाव, धूल में रक्त
नि:श्वास में सब बारूद की गन्ध
सब अन्धे, आँखों में सब धुन्ध,
है जंगल बन्द।

व्यथा की ज्वाला से कहते हैं
कितना बेचोगे तुम हमें?
कितने रुपये में बेचोगे जंगल?
प्रकृति के आँचल को क्यों कर दिया सपाट?
सोचते हो अर्थ-प्रासाद में कर पाओगे लोटपाट?

इतना सहज!
प्रकृति की बन्दूकें देखी हैं
अथवा सुनी है उनकी आवाज़?
'आईला' का देखा नहीं प्रलय भयंकर,
देखा नहीं मेघ कैसे करते हैं जब्त?

प्रकृति की बन्दूकों की आवाज़ नहीं सुनी?
देखा नहीं क्या गोला-बारूद?
सुना नहीं तूफानों की आवाज़?
अथवा देखी नहीं बर्फीली जेल?
भयंकर सागर गर्जन?

प्रकृति को एकबारगी ही कर दिया
नंगा और निजस्व-हारा!

सोचते हो वे क्या करेंगे?
अरे वे ही तो
आज सबकुछ—और संसार सारा!

केंदु-पत्ते जिनका अलंकार
जंगल जिनके अहंकार
उनके नाम तो बर्बर
'जंगल-महल'!
जंगल के हैं बहुत अधिकार!

अभी तो उनकी फिर निताई!
जंगल के शाल वृक्ष सब कहाँ?
मनुष्य को चिता पर रखें?
और रहेंगे कहाँ?

मेरा नाम, तुम्हारा नाम
निताई अथवा नन्दीग्राम!
सत्य सेल्यूकस, कितना विचित्र परिणाम!
वहशत है, न कि कोई नाम।

जंगल बचा रहे
वृक्ष नहीं बीज-वृक्ष हैं
लकड़ी (काठ) हो गई खत्म
सूर्य है, जम्हाई ले रहा है।
वृक्षों के अन्तर से नहीं
एकबारगी सीधे सीधे
पेड़ों की शिखर पर धक्का नहीं खा रहा
सूर्य का ताप सीधे सीधे
लगता है वृक्ष-जड़ों पर,
जिस जड़ पर भार दे खड़ा

रहते थे शाल–महुआ।
आज केवल जड़ छिन्न–भिन्न
देह नहीं है देह में।

नाम से ही 'बर्बर जंगल'
केंदु–पत्ते की छाती भर चीत्कार है।
छिन्न–भिन्न पत्ते सारे झड़ चुके हैं
तब ?
नहीं, नहीं, नहीं!

जंगल अब है मरुभूमि
बर्बरता रुकी है
जंगल, नहीं है!
जंगल की हत्या की गई है
उसके सीने से रक्त टपक पड़ रहा है
न्याय चाहिए
न्याय दो!

माटी में इतना रक्त क्यों ?

आकाश क्यों लाल ?
रक्तिम चक्षु से भी रक्तिम आकाश
यह किस घनघोर घटा का है काल ?

माटी का रक्त सूख गया
सूख गया रास्ता
हरे खेत में भी रक्त की बूँद,
धान का खलिहान रोये
सब्जियाँ भी अकाल झड़ें
असमय में क्यों मृत्यु रोये ?

माटी सारी किस तरह देखती रहती
केवल न्याय की आशा में...
उनके प्राणों का आर्तनाद
कभी हमें सोचवाता है ?

तालाब का जल स्तब्ध क्यों ?
तप्त क्यों है नाव ?
खेत का हल रुका रहता है
तब भी संत्रास क्यों नहीं है मानता हार ?

इतना रक्त, इतना खून ?
क्यों इतने मृत्यु-जुलूस ?

क्यों है घर-घर शव?
जंगल रोये, पहाड़ रोये
ध्वंस हुए कंस रव!

था तो हमारे घर में सबकुछ
सजे हुए थे बागान...
आज फिर क्यों इतनी अशान्ति?
क्यों इतने फरमान?

था एक दिन हमारा स्वप्न
दुर्गम को करना जय...
आज क्यों सब शेष हो गया
क्यों है केवल मृत्यु का भय?

सभी थे, सभी हैं—
बीच में आया भ्रमर
आदमी और आदमी के बीच भेद जगा
क्यों हुआ 'हम, तुम'?

विषादमय बदन, विषादमय चित्त
विषादमय बहुत है पथ
रक्त रक्त से रँग कर रह गया
माटी का चिन्ह पथ!

क्यों इतना मिट्टी में रक्त?
क्यों है माँ आकाश लाल?
मुक्ति दो—शान्ति दो—
दो स्वस्तिपूर्ण सकाल!

तृष्णा

बहुत तृष्णा
पिपासार्त आर्त
कई मनुष्य
जल चाहिए उन्हें, जल

नहीं है नहीं है
जल नहीं है
हरियाली नहीं है
प्रकृति नहीं है
नहीं है कोई हवा
नहीं है कोई प्रश्वास
नहीं कोई निःश्वास

सोचते हो तुम
सोच में मरुभूमि
जिस ओर देखूँ
याद आता केवल
प्यास, प्यास, प्यास
जीवन जा रहा है, जीवन दो!

पिपासार्त धरणी
पिपासार्त सरणी
आर्त है बंग जननी

तृष्णार्त है सभ्यता
क्षुधार्थ है मानवता
लज्जित है हमारा सिर
बातों में बहुत है व्यथा!

नहीं है नहीं है नहीं है
आश्वस्ति नहीं है
दिशा नहीं है
भाषा गई है हार
शून्यता यहाँ व्यर्थ ही भरे
सारी वेदना त्याग
भावना का अकाल
साँझ सकाल
चेतना में है केवल भाद्र
वेदना की गंगा गई है सूख
यमुना हुई है आर्द्र।

तब भी आओ शान्ति के प्रकाश
शुभ्रता लाओ सज्जा
तुच्छ 'नहीं' को दूर ठेल दो
नवरूप में दो जगा॥

प्रकृति

प्रकृति की गोद में सारी पृथ्वी
रहा है वहाँ उनका जीवन
किसी परिकल्पना की प्राचीर में
वे आबद्ध नहीं रहते,
और रहेंगे भी नहीं।

वे तो चलते हैं स्वयं की गति से
यह है उनका निजस्व जगत
सारी पृथ्वी का अधिक भाग ही
प्रकृति का है आँचल!
अधिकार है अकेले का।

आकाश वातास नद-नदी
सागर पहाड़ तुषार
वनजंगल-अरण्य-मरु
सारा सबकुछ उनका।
वे जो हार न माना हार।

चन्द्र-सूर्य-ग्रहतारा
कितना बड़ा आकाश
एक बार ही सजाया धजाया
अति सुन्दर मेघ-मल्हार
सुन्दर सजाई झंकार

कभी तो अविन्यस्त
अशान्त उत्ताल भयावह
आँधी-वृष्टि-झंझा-सुनामी-आईला
विध्वस्त हम सभी (पुकारें)
त्राहि त्राहि बचाओ!

कभी तो चातक पक्षी का
थोड़ा तृष्णार्त-स्वर
चाहता बूँद भर जल
पाया न जाता जल
प्यासे सभी हैं कंठ॥

और कभी तो जैसे जल से सराबोर
आकाश से पाताल
कितना जल कितना जलाधार।
उसे बनाने में नहीं लगता है कोई अर्थ।
टेंडर कोई न बुलाना पड़ता
कोई गड़बड़? ना, नहीं है।
समय भी नहीं लगता।

हठात ही होता आविर्भाव
अनेक वारिधाराओं का।
किसका मालिकाना है इन जलधाराओं का?
तुम्हारा? न कि हमारा?
केवल प्रकृति माँ की॥

कभी कभी सोचूँ
चन्द्र-सूर्य-नक्षत्र
उनके पता हैं क्या क्या?
अनुशासन मान चलें वो

दिन में सूर्य रात्रि में चन्द्रमा।
आकाश की दुनिया—
मालिकाना किसका?
अमेरिका का या रशिया का?
अथवा तुम्हारा-हमारा?
नहीं! प्रकृति माँ का॥

उस जगह भाषण? नहीं
हुई ज़मीन दाखल? नहीं
वहाँ मारपीट? नहीं
वहाँ निर्वाचन? नहीं
वहाँ अस्त्र? नहीं
प्रकृति माँ के आँचल में
गण-तंत्र है? है। गणतन्त्र है।
सभी का दुर्भोग? है।
प्रकृति का आशीर्वाद सब पर है? है।
वहाँ है सबका अधिकार? (नहीं), एक (का)।

तब—पृथ्वी का पथ अब भी निजी है
किसी के नियंत्रण में नहीं।
सारी पृथ्वी को सम्पदा देती है
आशीर्वाद देती है! हरीतिमा को
निःश्वास देती है। विश्वास देती है।
उनकी दुर्नीति नहीं होती।

नहीं देती चिरकालिक नियंत्रण
करने नहीं देती शोषण
जबर्दस्ती दखल करने देने का प्रहसन नहीं करती
अपनी स्वयं की गति से निजी अपना
स्वयं का नहीं देती अधिकार
अथवा दुःशासन।

प्रकृति माँ

ओ हवा, अपने झूलने जैसी चाल से
फूलों की पँखुड़ियों को फैला दो।

ओ आकाश, अपनी उन्मुक्तता में
मुझे डूब कर रहने दो।

ओ चन्द्र, अपने प्रकाश में
दुर्बल को आलोकित कर दो।

ओ सूर्य, अपनी तेजस्वीयता से
शारीरिक रूप से दुर्बलों को स्वस्थ कर दो।

ओ मेघ, अपने अँधेरे मेघों से
निष्ठुर दानवों को ढँक दो।

ओ वर्षा, अपने प्लावन से
दीन और दीनता ढँक दो।

ओ ग्रह-तारो, पृथ्वी को मनुष्यत्व दो।
ओ पृथ्वी, हमें और हरियाली दो॥

कुटीर

झोपड़ी में रोमांचित होकर
आ घुसा है चाँद
घुस ही जब आए हो चाँद
देना पहरा तारों का
जगा देना विवेक तुम
चेतना को कर देना हरा।

हृदय कमल से
मानवता की वृष्टि बरसो
चाँद के प्रकाश में समेट देना
समस्त अन्धकार
प्रकाश से आलोड़ित करो
अमावस्या की कालिमा।

सन्ध्या–तारे का बालिश बना
बिछौना बिछा लेना
ध्रुवतारे को संग ले
झोपड़ी को प्रकाश से भरो।

मनुष्यों के बीच उतर कर
मिट्टी को दीख जाना
आकाश–माटी को एकाकार कर
माटी को आकाश में घर बनाने देना।

शान्ति

मुझे आकाश का छोटा
एक टुकड़ा कतरन दो।
उसे बनाऊँगी एक शान्त पृथ्वी
उषा-लग्न में उगेगा एक शान्त सूर्य।
भुवन बीच उठेगा प्रकाश
भरे भंडारों में अन्न हँसेंगे और भी
अहंकार बुहारनों का न होगा स्तूप
जलेगा वहाँ पवित्र धूप
जीवन को कर दूँगी उजाड़
हरी आँधी में जुड़ाएँगे अंग...।
बिजली रहेगी वीणा के तारों में
निविड़ सघन वन जंगल में
छुपी धूप के स्वर्णिम झंकारों में।
दीर्णता को चूर्ण कर
विचित्र सुरों की सृष्टि-गोद में
रहूँगी पड़ी नदी के किनारे।
समुद्र से उठाऊँगी पत्थर के कंकड़
लहरों पर बनाऊँगी नए घर मकान
पहाड़ी झरनों में करके स्नान
अमन से रहूँगी जीवन सफर में।
गाएँगे पंछी बंसी के सुर में
फूलेंगे फलेंगे पत्ते सुर-संचारों में,
वरण कर लूँगी इस धरित्री को।

उदार छन्दों में दूर्वा के स्त्रोतों में
बहेगा संसार शुभ कर्म–पथों में
करुण धाराओं के मिलन–प्रयास में
धरणी मिलेगी शान्ति के निःश्वास में।

पहाड़ रुदन

सुना है क्या पहाड़ों का छाती–फाड़ रुदन
अथवा पहाड़–कन्याओं का
रिक्त नि:श्वास?
हम सभी सोचते हैं—पहाड़ देखो
कितना सुन्दर
कभी क्या सोचा है कि पहाड़ों में भी
होते हैं प्राण?
वे भी रोते हैं, वे भी हँसते हैं,
वे भी ठंड से सिकुड़ते हैं
पर्वतों के गुहाओं के अँधेरे में गुहाएँ तो
गर्जन करती हैं
पर्वतों के बीच झरनों की धारा में पर्वत
स्नान करते हैं,
शीत की कँपकँपाती ठंड के अँधेरे में
शरीर पर बर्फ की कुर्ती
पर्वत–कन्या पाती है शान्ति
सफ़ेद चादर में देह ढँके।
तुषातुर सृष्टि की हिमगन्धी
कंपनों से पहाड़ चमकता है।
सूर्य और चन्दा दोनों की उज्ज्वलता से
पहाड़–कन्या फिर से चमकती है।
पहाड़ के हृदय में झरने का स्त्रोत
लगे माणिक की माला सा

हरी वनवीथियों की हरियाली में—
फूलता फलता है सब कुछ समय सा।
पहाड़-कन्या कभी भी हँसे
जब लेते हैं सभी निःश्वास
किन्तु पहाड़-कन्या भी रोये
जब आता है दीर्घश्वास।

मुँह छुपाकर अकेले में रोये
हम देख पाएँ नहीं।
सौन्दर्य केवल उनका भोग करें हम
उनकी न सुन पाएँ यंत्रणा हम
इसीलिए तो पहाड़ भी नीरव में
फेंकते हैं नयन जल अपनी लय।
दुख तुम्हारा हमारा सभी का
प्रकृति है हमारी बड़ी माँ।
साँझ की निस्तब्धता रात की नीरवता में
गुहा गह्वर रहते अपने चरम पर।
तब भी रहती है क्लान्ति
नींद से मिलती शान्ति
धूप की चमक के आईने में
पहाड़ कहीं रोये ना।
नदी के उद्‌गम से पहाड़ जगमग
धूप की तेज़ में पूरी देह
वर्षा-जल से गिरता झरना
पहाड़ की देह पर डगमग।
पहाड़-कन्या का नहीं रुदन तब
गर्व से होती गर्विणी
मनुष्य बिना क्या पहाड़ कन्या
होती है जी अनन्या॥

पृथ्वी

बनो न पृथ्वी तीव्र-धारा की नदी
बनो कालजयी
नदी समुद्र पर्वत के बीच
बनो तुम त्रयी॥
डरो नहीं डरो नहीं किनारे किनारे बहकर
मिल जाओ एक साथ
तुम्हें देख कर ही मातृ प्रणाम
करूँगी उषा के प्रभात में॥

साम्य-शान्ति की चन्द्र-भाल तुम
तुम वीरांगना ललना
तुम्हें केंद्र में रख स्वस्ति आए
ओ जी पृथ्वी कन्या॥

टेढ़ी-मेढ़ी राहों पर राह बनाती हो तुम
हर पग में ध्वनि तरंग है
इस पार तोड़ो उस पार सिरजो तुम
तुम्हारा स्पंदन जल-तरंग है॥

तुम रामायण, तुम कुर-आन
तुम्हीं बाइबल त्रिपिटक
तुम ही इजिप्ट तुम्हीं अरब सागर
तुम्हीं ग्रन्थसाहिब सार्थक।

तुम्हीं आशीर्वाद, तुम्हीं दुआ
तुम्हीं हमारे मेहरबान
तुम्हारी छाया में सभी शीतल
तुम तीव्र धारावाली महान॥

मेघ

सोचा था तुम्हें रखूँगी पकड़
तुम ज़रा सा कब गए सरक
रंग तुम्हारा था थोड़ा नीला सा
हठात तुम हो गए धुआँ सा॥

खंड खंड मेघ—मेघों का पहाड़
घर्षण से तर्जन से विद्युत चमक की बहार
एक लंबा टुकड़ा मेघ-मेघ का आश्रय
तुम विश्व के विश्व-श्रेष्ठ साश्रय॥

तुम्हें यदि मैं अपने पास पाती
तब तुमसे बन्धुत्व-संबंध बनाती
दिखाई देकर ही तुम छुप जाते आकाश में
आकाशनंदिनी हँसती है केवल आकाश में॥

सफ़ेद सफ़ेद मेघ जैसे हों श्वेत पलंग
रूई के ढेरों से सजाया गया हो जैसे अंक (गोद)
श्वेतांग श्वेतांगना एक गुच्छ मेघ
कासफूल-कादंबिनी शरत हरसिंगार देव॥

आनन्द की धारा महाआनन्द मंडप में
आकाश-कन्या मेघ सजे मेघ-भवन में

जी करता है पकड़ रखूँ जतन से मन में
किन्तु सोचना ही व्यर्थ है,
तुम रहते हो कल्पित स्वप्न में॥

दिन और रात

दिन कहे जाऊँ जाऊँ
रात कहे आऊँ आऊँ
सुबह जाती शाम आती
चन्द्र-सूर्य करें हँसी ठिठोली॥

धूप कहे मैं हूँ प्रखर
आशा के प्रभाव में सब हैं कातर
ग्रीष्म कहे नहीं मेरी कदर
शीत के नर्तन में मेरा आदर॥

जीवन जब कहता जाऊँ
मृत्यु कहती ठौर नहीं
भुवन कहता कौन जाये साहू
मृत्तिका (मिट्टी) कहे आश्रय चाहूँ॥

अबूझ मैं कहती हरियाली
अरण्य कहता मैं हरियाली
धान-खेत की खोज में प्रकाश की दियली॥

जीवन कहता दो जीवन-शक्ति
करने को लड़ाई साहस-भक्ति
जीवन संग्राम में संग्रामी युक्ति
नहीं प्रयोजन कोई जीवन में आसक्ति॥

बाढ़-1

छोटी बच्ची माँ से सटकर सोई थी
माँ की क्लान्त देह थी नींद में आच्छन्न
साँझ के अँधियारे में पंछी थे कलरव में मशगूल
फूलों की दो आँखें थीं नींद में अवसन्न।
रातभर जाग रहा था चाँद एक कोने में सब पर पहरा देता।

हठात साँय-साँय की आवाज़ से भंग हो गई नीरवता
प्रचंड जल के वेग से फैल गई वह वार्ता
आकाश-हवा-नदी-सागर के बीच चल रहा था,
षड्यंत्र की परिकल्पना
पहले पहले चीत्कार, आवाज़, बाद में निस्तब्धता।

माँ नहीं जान पाई, उसकी प्यारी गुड़िया न रही
बचाओ बचाओ के शोर में कोई नहीं जानता, कौन न रहा?
व्यस्त हैं सभी स्वयं को बचाने में, और कुछ याद नहीं,
जो था आँखों के सामने, सब ही बह गया
संचित किया धान का गट्ठर भी जल में डूब गया।

माँ किन्तु भूल गई, बच्ची तो थी उसके पास
प्राण बचा कर माँ जब थोड़ी ऊँची जमीन पाती है
तब उसके कानों में सिर्फ माँ-माँ आवाज़ आती है
बच्चे के शोक में माँ केवल तब छाती पीटती है
बच्ची क्या तुम्हारे पास है बाढ़? —माँ प्रलाप करती है

बाढ़ तो किसी का उधार नहीं रखती, है वह खुशमिज़ाज
उसकी तो तब है पौ बारह, देखने आ रहे उसे हैं सब
कभी वे रोते हैं, फिर कभी वे हँसते हैं।
और अँधेरी रात की नीरवता में अधिकांशतः भय दिखाते हैं
सब से छुप कर रोते हैं और दुःस्वप्न देखते हैं।

बाढ़ के भयानक प्रकोप से ध्वंस हुई है सृष्टि
उसके भयंकर गर्जन से तीव्र हुई है वृष्टि
रात भर जगाने के तांडव से करुण है सभी की दृष्टि
प्रलय नृत्य से प्लावित हुई है सारी संस्कृति
रुदन भरे स्वर में माँ पुकारे—ओ रे मेरी मिष्टी!

मिष्टी कहाँ खो गई आई न वह लौट कर
माँ की गोद में पड़ा था तब खाने को चिउड़ा गुड़
माँ को तब सांत्वना दे रहे थे पास के पड़ोसी घेर
माँ किन्तु बड़बड़ा रही थी, 'मिष्टी, आओ न लौट फिर'।
कोई बाढ़ पीड़ित, किसी के मुख पर हँसी, माँ का प्रश्न एक ही—
'मेरी मिष्टी को किसी ने क्या देखा है कहीं?'

माटी-3

माटी ही मेरे मन की फसल
माटी ही मेरी भोर
माटी ही हमारी मातृभूमि
माटी ही हमारा ज़ोर।

माटी ही हमारी दक्षिण की हवा
माटी में है हरित वन
माटी में ही जन्म-स्थान
माटी ही रखती सबसे अपनापन।

माटी में ही वेद-वेदान्त
होती अज़ान की ध्वनि
माटी के संग ही कुरान-पुराण
मिलाप की मिलन वाणी।

माटी के संग ही वर्षा की दोपहर
माटी ही हँसी की साँझ
माटी के घर में सांध्य-प्रदीप
सारे दुखों को रखता पाछ।

माटी से है जीवन स्वप्न
माटी में अहल्या माँ

माटी के इर्दगिर्द ही मातंगिनी
गरज उठे अम्मा।

माटी में बैठकर ही गूँथूँ माला
माटी में उपजे धान
माटी में ही लड़ाई चलती
चलता है बचे रहने का सम्मान।

माटी में ही दुःसह दहन
माटी में ही वृष्टि
माटी के संग ही उदास बाउल
एकतारा में हो सृष्टि।

माटी से भी शुद्ध माटी
जन्म–मृत्यु की अवधि
माटी में ही स्वर्ग–सुख
माटी ही शान्ति की समाधि।

माटी की धरिणी के छायांचल में
दूर हो जाता है अभिमान
यह माटी सोने से भी खरी
सभी को बनाए महान।

यह माटी हमारी गंगा यमुना
यह माटी हमारी तिस्ता
यह माटी हमारी ग्रीष्म–वर्षा
यह माटी है अधिकार–आस्था।

यह माटी हमारा जीवन–मरण
यह माटी है भविष्य

यह माटी सभी की, नवीन-प्रवीण
हों या हो शैशव।

यह माटी हमारी लक्ष्मी-कथा
यह माटी सरस्वती
यह माटी सब की, तुम्हारी-हमारी
यह माटी ही भविष्य की गति॥

हल्दी नदी

हठात मेरी दृष्टि पड़ी
हल्दी नदी के जल में
कितने रक्त की रक्तसाक्षी
नदीमातृका की गोद में।

अब भी कितने आर्तनाद
कितना छाती-भरा रुदन
आदित्य बेरा सरीखे आज भी न लौटे
नदी में रक्त की बाढ़-जतन।

नन्दी माँ को साक्षी रखकर
दिया है सारा जीवन
उनकी लड़ाई चिरंतन की राह पर
मर्मांतक जीवन यौवन।

गढ़चक्रबेरिया-सोनाचूड़ा
गोकुलनगर की राह पर
अधिकारीपाढ़ा-महेशपुर
तेखाली के उसी सेतु पर।

हल्लाबाजार हार्माद वाहिनी
चिर कुत्सित दन्त

ऑपरेशन का सूर्योदय
सूर्य को छोड़ कुम्भ।

दिन आएगा, दिन चला जाएगा
रहेगी हल्दी नदी
चले गए जो वो न लौटेंगे
तुम्हारे सीने में समाधि।

लौटा दो लौटा दो
लौटा दो जी प्राण
शान्ति दो जी स्वस्ति दो जी
आदि पिता भगवान।

सागर

सागरद्वीप के समृद्ध जनपद में
मिल गया है मानव सागर
सागरभूमि की तटिनी जटा में
मनुष्य स्नान करने में विभोर।

खासीमारा से घोडामारा तक
तटसुन्दरी की तीर्थधारा
उड़ाकर ध्वजा, बाँसुरी व घंटा
सचल-सबल आश्रम कपिलमुनि का।

सहस्त्र लाख मनुष्यों के पदार्पण में
सागर चला है अमृत के संधान में
उछल उठा है हर दिशा में प्राण
आगमनी आनन्द में गा रही है गान।

सागर जल में थोड़ा सा स्नान
पवित्र मन का मन-संधान
राजा, फकीर सभी के लिए
गंगासागर तीर्थ है धन्य॥

शीत-लहर

शीत के नाचने से पेड़ों के पत्ते सारे
हो गए हैं बिलकुल शीतकातर।

शीतल हवा के तांडव से वृक्ष जननी सब
सो गई हैं साँझ दुपहरिया में।

शीत सन्ध्या में पाँत दर पाँत वृक्ष हुए हैं एकदम चुप
डाली पत्ते भी नहीं डोल रहे, मुख पर रहा ताला झूल।

नहीं है सूँ-सूँ की भी आवाज़
अथवा पत्तों के हिलने का मिजाज।

पत्तों के कम्बल में घेर स्वयं को
ज्योत्स्नापूर्ण रात में वो गए हैं खो।

इतनी जल्दी नींद!
नीरव निःशब्द निस्तब्ध।

होते हुए भी जैसे, वे हैं नहीं!
वे अभी हैं शीत-श्रान्त

विरक्त न करो
उन्हें सोने दो
वे हैं शीत से क्लान्त॥

प्रकृति-वैचित्र्य

धूप-छाया की वर्षा-दोपहरी
कभी तो लावण्य से है भरी
अन्धकार विधुर सा कभी कभी
मानो गोधुलीलग्न का है सूर्य सिन्दूरी।

पेड़ों के पत्तों का बिखरा रूप
अव्यवस्थित हैं सौन्दर्य स्वरूप
उन्हीं के बीच मेघ-समुद्र के
पेड़ों के बीच आश्रय अरूप

कब है इन वृक्षों का जन्म-दिन
यह तो वृक्ष माता भी जाने ना
नहीं है कोई भी जन्म की तारीख
अथवा जन्म-सर्टिफिकेट की सीमा ना।
तैयार नहीं है कोई भी जन्म-पत्री
अथवा जन्मदिन के पालन हेतु केक चाकलेट मिठाई।

कभी आँधी में उड़ जाती है
कभी अथवा डाल टूट जाती है
अधिक तूफानों में शायद तना रहता है
सारे पेड़ पत्ते जाते हैं उड़
कभी तो कोई कुछ डालें लेता है काट
कभी तो पूरा पेड़ काट देता है बेच।

फिर से पेड़ जन्मते हैं नये सिरे से
डाली पत्ते भर उठते हैं नई भोर में
तने से ही जन्म लेता है नये रूप में
थोड़ा थोड़ा करके नया जीवन शुरू होता है
जन्मदिन कब है उसका यह वह भूल जाता है।

युग युग से कितने सैकड़े पेड़
खड़े हुए हैं बनकर साक्षी आज
हैं यहाँ नदी, झरने और हवा
पहाड़, आकाश से उनका साथ है बना
उनका परस्पर है एक परिचय
कौन सा क्या? उनके नाम की जय।

उनका परिचय तो हैं वे खुद ही,
उनका ठिकाना प्रकृति का आँचल
उनका परिवार है सारी पृथ्वी।

किन्तु उनकी जीवन पंजिका?
सबकुछ ही प्रकृति, भविष्य है अंकित।
उनका दुख, उनका सुख
प्रकृति है हमारी माँ का मुख॥

पहाड़ और नदी

पहाड़ मेरे मन का दरवाज़ा
हरियाली है मेरा प्राण
टेढ़े–मेढ़े रास्ते मेरी सरणी
हवा भंग करता मान।

नदी का स्रोत मुझे पार कराता
तिथि (मौके) पर धरणी है तरणी (नाव)
कमल–पत्ते पर प्रकाश की मशाल
शुकतारा है मेरी जननी।

चित्रलिपि मेरी है अंकलिपि
असज्जित है मन–वाटिका
उल्टी पुल्टी चाँद की हँसी
है नदी की कोलाहलभरी गीतिका।

तरंगों की उच्छ्वास से किनारे प्लावित
ज्योत्स्ना है प्रदीप की बाती से
महानन्दा–तिस्ता–तोरसा
और रंगीत प्रेम के झूले में।

भावना चेतना की चमक स्थल में
पाँत के पाँत बगुले जा रहे उड़
पहाड़ों नदियों में देह खपा
जीवन देश जा रहा भर।

मेघ

चले हैं हम मेघों के बीच
मेघ को अब छूआ तब छूआ करके
मेघ पार कर, पहाड़ मेघ की
सीमाओं को जोड़ करके!

मेघ-दर्पण की मेघ-मैना
मेघ-सुन्दरी की पोशाक
मेघ-वैचित्र्य की मेघ-हिमालय में
प्रकृति की गोद में है लद्दाख।

सांदाकफू से लामाहाटा
सर्वत्र ही गंतव्य उसका
ताकदा से डेलो के मेघ में
वैचित्र्य की बहार है कितनी!

मेघ का नाम मेघ-मल्हार
आकाश में उसका घर है
बीच बीच में ही खा आता है वह
चन्द्र-सूर्य के संग तब रहता है मनमुटाव।

झरना

झरना कहाँ से उतरता है
उसका उत्स कोई नहीं है जानता
पहाड़ में झरना की धारा
किसी का बाँध नहीं है मानता।

झरना के स्रोत में स्रोतस्विनी
नदी के पत्थरों के कंकड़
पहाड़ की देह पर स्वर्णिम धूप
झरने संग खेले लुक-चुप खेल।

देह डुबा दो झरना के जल में
मुट्ठी में भर लो जल
तृष्णार्त चातक डैना डुलाते उतरे
झरना है पिपासा का जल।

झरना तुम्हारा परिचय क्या है?
कहाँ है तुम्हारा घर?
झरना का पथ पहाड़िया गाँव में
पहाड़ ही है उसका सूतिका-घर॥

गवाह पेड़

कितनी घटनाओं की साक्षी
हो तुम पेड़!

खड़े हो युगों युगों से
हृदय के अंदर अपनी स्मृति भरे
हरियाली का घेरा रास्ते के किनारे
मिल गए हो स्मृति की अतल गह्वर में।

किन्तु दिया न कभी भी गवाही
चाहा कभी न भिक्षा,
रहे हो सर्वदा अतल
नत न कर अपना सिर
रहे सर्वदा ही उर्वर!

पहाड़ के दोनों ओर
कतार दर कतार पेड़
शाल-चिरौंजी की हवा में नाच
दीर्घाकार रूप में जैसे सद्यःस्नात।

वृष्टिधारा वर्षण के मध्य
शिलाएँ पत्थर पर साबुन मल
रहे हो कितने सुन्दर बनकर
नवीन सदा हरे पत्तों में।

स्वस्थ देह में तेल भींगे पत्तों में
हवा की कंघी से बाल सँवारे
पेड़ के पत्ते की साड़ी पहने
सिर के बालों में फूलों की बहार लिये।

तुम चमत्कार हो प्रकृति की माया से
कितने मनुष्य आते, कितने चले जाते हैं।
कोई शायद कभी भी मुड़कर देखता है
कोई कोई फिर कैमरा बढ़ाता है
तस्वीर खींच रखते हैं अपने कैमरे में।

सब देख कर भी न देखने का भान
प्रकृति है पागल प्रेम के प्राण
तुम्हारे मन को डुलाता है गीत
तुम स्वयं ही हो अपना सम्मान।

और जब किसी भी
अत्याचार की घटना तुम देखते हो
तब अपने को बचा कर रखते हो,
बता नहीं सकते मुँह खोलकर कोई घटना,
यह है तुम्हारी कितनी बड़ी यातना,
वह तुम भी जानते हो।

तब भी तुम हो साक्षी
युगों युगों से।
कितनी जमी बातें तुम्हारे अंदर
तब भी हो तुम नीरव दर्शक।

तुम्हारी उपमा तुम स्वयं ही
नीरवता है तुम्हारी जीवन–उपलब्धि,

निस्तब्धता है तुम्हारा जीवन-संगी।
प्रकृति माता की तुम अजीब हो सृष्टि।
नीरवता तुम्हारी है नीरव वृष्टि
खड़े पड़े हो हे साक्षी दृष्टि
तुम्हारे मध्य तुम ही मिष्टि।

जंगल

नीरवता में निर्जन में
आए अरण्य के निकेतन में।
शाल-चिरौंजी के वन में
पारुल नाचता है मन में।
दोनों ओर पेड़ों की पंक्तियाँ
बीच में चलती हैं गाड़ियाँ।
मेरा सारथी है पवन
और पथ का साथी वन।
सूर्य तब पेड़ों की ओट में
हम हैं डालों की छाँव में।
चापड़ामारी हम पहुँचे आ
हाथी साथियों की प्रचुरता।
छोटे पोखरे का जल
हाथी की पगध्वनि से हिलडुल।
गैंडा और जंगली साँड
अरण्य माता के हैं मनप्राण।
चारों ओर पक्षियों का कलरव
मन में आता गढ़ूँ हरा प्राचीर।
चालसा, बानरहाट, चापड़ामारी
मन करता है इन्हें रोज निहारें।
गोरूमारा और धूपझोरा
वहाँ पाते वर्षा का इशारा।
पहाड़ के रास्ते पर सुकना

है नदी का आईना।
आँखों की पलकों को खोल जितना ही देखूँ
हृदय में उभरता केवल ताकझाँक करूँ।
शौक जैसे मिटती नहीं
लौट कर आने का करता मन नहीं॥

वनसुन्दरी

धूपमय सन्ध्या की स्निग्ध छाया में
शीतल जल के शान्त माया में
उत्ताल लहर कन्या की लिपिमाला में
मैं मिल गई हूँ वन-मंडप के आँगन में।

चन्द्र-सूर्य-आकाश के बरामदे में
सुन्दरी वृक्ष की दनदनाती हवा में
मुक्त निःश्वास की
तमाली छाया में
मैनग्रोव के सभी जंगल बरामदे में
पुकारे मुझे पंछियों के घर में।

नदी नाले छोड़ जल के अटल में
चले हैं हम विद्याधरी की गोद में
धूप को पार कर गोधूली बेला में,
जल की गोद में तूफान के खेल में।

आ पहुँचे हैं सजने खाली
भ्रमण-साथियों की आँखों में बालू
सघन रात के चाँद के प्रकाश में
सारे जहाजों का घेरा नदी के जल में।

चाँद–तारों के उस सुन्दर बाज़ार में
झीं झीं कीड़ों के तैरते प्रयास में
मन में आया यह कौन आलय?
शान्ति की हरियाली में है जीवन विस्मय।

मत्स्यकन्याओं की नींद गहन सी
सुन्दरवन में आई सुबह थी नई सी॥

आँधी–1

आँधी इस प्रलय को रोक दे
   मधुर बयार की छूअन दे।
पाषाण फोड़कर निकले शान्ति का महावृक्ष
धरा पर ईद उत्सव में खुशी की बयार बहे।

नवीनता का झंडा फहरा आयें नव–पल्लव (नवजात)
   जय करो सब अपराजेय, हो जाओ निर्भय
जवान नदी के (रियास–वियास) से बन जाये रिश्ता
   सभी के बीच हँसती है नदी, नाम है उसका तिस्ता।

वनभोज होते पाखी के सुन्दर सजे प्रकाशित उत्सव में
   चन्द्र तारों के हरित आँचल में गगन में सूर्य हँसेगा
उच्छ्‌वसित होगा मैदान की खुशबू से शीतल तालाब–जल
   उग आएँगे रंग–वर्ण से भिन्न भिन्न फल।
फूले फले रंग–छन्द में वर्णमयी माँ बांग्ला
   गुलेल शालिक बगूला कोयल से वन–अरण्य रहे भरा (शामला)
माटी–पत्थर और चूना पुंटी के जलक्रीड़ा में हैं उपस्थित
   नाव नौकाएँ जैसे सब इस मेले में हैं मिश्रित।

प्यारी वर्षा की शीतल हवा में शीत कुहासे की लग्न में
   सृष्टि के सुख से सुशोभित मन उल्लसित है गगन में
हृदय के बीच सबसे पहले जागे खुशी का प्लावन
   तभी तो न चाहूँ कोई प्रलय, समझे भाद्र श्रावण?

बारह महीने

मैं भादों माह का आश्रयहीन मेघ
तुम कासफूल शरद माह के
मैं ज्येष्ठ मास का बहुसड़ा गरम
तुम मीठे बेर माघ माह के।

मैं वैशाख का तांडव प्रलय
तुम कार्तिक की ठंड की छुअन
मैं आषाढ़ माह की आषाढ़ कथा
तुम अगहन माह का नय धान।

मैं श्रावण की प्लावित सन्ध्या
तुम पौष मास की शीत–रात्रि
मैं आश्विन की हरसिंगार भोर
तुम फाल्गुन के होली–यात्री।

मैं कभी धूप—कभी आँधी
कभी अथवा वर्षा की नदी
और तुम–मैं मिलकर बारह माह काटें
वैशाख से चैत्र तक की अवधि।

प्रकृति परिचय

वर्षा दोपहर की धूप की छाया में
मेघाच्छादित आकाश बारिश बरसाए
रास्ते और लोगों को कराया स्नान
पेड़ों ने जैसे फिर से पाये प्राण
नहीं है शैम्पू, नहीं है साबुन
प्रकृति के जल में, प्रकृत है प्राण,
स्नान जैसे कर रहा है समुद्र-स्नान।

नहीं है स्नो, नहीं है पाउडर,
नहीं है कंघी, नहीं है ब्रुश
एकबारगी सतेज हरे पेड़
हरी सुन्दरियाँ सज उठी हैं आज।
युगों युगों से प्रकृति का खेल
श्रावण में झरे हैं जलधारा
वर्षा हम लोगों का भरोसा
और आकाश में इन्द्रधनुष,
होड़ लगाते तितली के पंखे,
बरसे बांसुरीनाल हरष।

इकतारा और डुगडुगी से
सुरों का यदि हो झंकार
तब मेघ-दोपहर में वज्र-ध्वनि से
आवाज़ में सजे अलंकार।

यही है वास्तविक यही है पृथ्वी
यही है प्रकृति विश्व,
जितना ही देखूँ उतना ही सोचूँ
असाधारण प्रकृति दृश्य।

आँधी वर्षा जल कीचड़
सभी एक सुर में बँधे
कोई भी नहीं है आधा
सभी प्रकृति के सम्पद से सधे।

सिंहासन पर जगत की प्रजा
सभी प्रकृति के सम्पद से सजे
प्रकृति के विश्व में प्रकृति राजा
भरी प्रकृति, सर्वत्र ताज़ा।

कितने पथ

आँखों की हरियाली मन की हरियाली
  हम सारे लोगों के ह्रदय की हरियाली
मेरे जीवन में स्वप्न हरे
  देखे वर्षा के होने में
मेरी आँखों के तारों की हरियाली
  धूप मेघ की छाया में।
वर्षा की पत्थर वृष्टि मुझे
  नई तरह से जगाती है
आकाश माटी के युग्म मिलन में
  प्रकृति रंग मिलती है।
माँ-माटी-मानुष ही मेरी पृथ्वी
  हमारा जीवन स्वर्ग
माँ-अम्मा-मदर को अतः
  है श्रद्धा सलाम का अर्घ्य।
विश्व में बांग्ला हमारा स्वप्न
  बसता है बांग्ला विश्व में
आयें मिलकर शपथ लें
  बांग्ला माता के काम में।

बांग्ला मेरे स्वप्न की भोर
  बांग्ला स्वर्णभूमि
बांग्ला ही हो सबसे अच्छा
  धन्य जन्मभूमि।

बांग्ला मेरे कर्म की दोपहर
   बांग्ला ही स्वर्णिम सन्ध्या
बांग्ला हमारी चेतना प्रेरणा
   सभ्यता का रजनीगन्धा।
सोते में स्वप्न में रात में जागरण में
   बांग्ला ही चाँद तारा
मातृभाषा के मधुभंडार में
   बांग्ला आनन्दधारा।
बांग्ला मेरे बचने का पता है (बांग्ला मेरा वर्तमान अस्तित्व है)
   बांग्ला ही है भविष्य
जितना ही देखूँ उतना ही सोचूँ
   जितने मत हैं उतने पथ।

काले बादल

उस अँधेरे मेघ को हटा दो न...
वह मुझे अच्छा नहीं लग रहा है
उस मेघ में छुपा हुआ है आतंक
आकाश की आँखों में देखो आँख भर जल
झड़ पड़ने की अपेक्षा में आँसुओं के गोले बन रहे हैं

काले मेघ, तुम्हें क्या आकाश ने धमकाया है
जिससे तुममें है इतना क्रोध?
तुम्हें किस बात का है इतना अहंकार?
क्यों अपने में ही इतना मारामारी करते हो?
क्यों मेघ से मेघ को धक्का मारकर
विस्फोट कराते हो?
तुम लोगों के विस्फोट की आवाज़ से
आतंकित हो उठते हैं पृथ्वी के मनुष्य।
बनाते हो विद्युत की चमक,
निकाल लेते हो मनुष्य के प्राण—
विद्युत क्या तुम्हारा नेकलेस है?
नेकलेस की माला पहन
लोगों को क्यों आतंकित करते हो?

तुम तो हो सकते थे सफ़ेद मेघ
तुम तो हो सकते थे आकाशी मेघ
आकाश के अभ्यन्तर में निर्मित कर सकते थे

और एक आकाश
निर्मित कर सकते थे आकाशी प्रकाश
कर सकते थे मनुष्य से प्यार
दे सकते थे पृथ्वी को मीठी वृष्टि
कर सकते थे और एक नई पृथ्वी सृष्टि।
गूँथ तो सकते थे ताराओं का मणिहार
प्रज्वलित कर सकते थे पृथ्वी पर सभ्यता का प्रकाश
इसीलिए तो नहीं चाहती
अँधेरे मेघों का मेघ सा गुरुतर प्रकाश
देखना चाहती सफ़ेद मेघों के बीच
पृथ्वी की झिलमिलाहट।

प्रकृति का भंडार

शाल–चिरौंजी से जंगल भरा
शौक का मेरे जंगल
केंदु–पत्ते की गन्ध–छन्द से
जंगल का हो मंगल।
अनपढ़ों के वर्ण–परिचय से
सार्थक हो जय–जयकार
हरे पेड़ पर रंगीन पत्ते
अरण्य का श्रेष्ठ उपहार।
वन–अरण्य–जंगल–पहाड़
नदी समुद्र का भंडार
प्रकृति माँ के वन–मंडप में
जीवन है एक चमत्कार।
मेघ सा मेघ और तोड़ो नहीं,
भयंकर मेघ और बुलाओ नहीं
बनो तुम शान्ति का प्रतीक,
माँ तुम और मत गर्जना।
प्रलय में किसी को न बहाना
नदी मातृका की उर्वर वृष्टि
तृष्णा मिटाओ तृष्णार्तों का
लौटा दो स्वस्ति
नदी पोखर नाला बिल
तोता मैना काक कोकिल

अरण्य के अंदर नदी पहाड़
तीस्ता तोर्सा अपूर्व समाहार
गंगा पद्मा मेघना यमुना
तुम्हारे हमारे बचने का ठिकाना
रियास* वियास* राइसा* चुर्णी*
जल में स्रोतस्विनी घूर्णन,
वन–अरण्य में नदी घाटी में
सभी जैसे हमारे घर।
होता यदि मेरे जीवन की भाँति
चुनता कंकड़ तय करता पथ।
हरी नदी के फसलोंभरी हरीतिमा में
हरियाली पूर्ण मेले में टहलता पैदल
नींद टूटती पक्षी–कलरव से
सूर्योदय दीखता घरों के अन्तराल से
देखती मेघों की शान्ति के पहाड़
निःश्वास विश्वास में जुटता आहार
जंगल मेरे जीवन की भोर
धूप नदी और समुद्र
आकाश वायु जीवन–सौन्दर्य
पहाड़ों में प्रकृति अबाध्य
आकाश ही हमारे मन का हिमालय,
माटी हमारी है कंचनजंघा
हरियाली मेरे हृदय का ताजमहल,
बांग्ला ही मेरी जीवन संज्ञा।

---

* नदियों के नाम

कुपित आकाश

आकाश, तुम्हारी मुख-मुद्रा इतनी गंभीर क्यों?
तुम्हारी नाराजगी तो स्पष्ट ही है
ढँक गया है काले अँधेरे में,
अस्पष्ट हो जैसे सारे मेघ
और बाहर छूटे मेघों को ढँक गई है हँसी,
भय से छुप गए हैं चन्द्र और तारे भी
ऊपर से देख कर भयातुर कर रहा है,
तुम्हारी आँखों में इतनी अश्रुनदी क्यों?
कहाँ गया तुम्हारा इन्द्रधनुष?
अथवा भिन्न भिन्न रंग के विभिन्न खेल?
तुम्हारे मेघों के घर-द्वार कहाँ?
कहाँ गए तुम्हारे सजाये बाग
कतार कतारों में उड़ कर आए मेघ
खो गए कहाँ?
तुम्हारा सुन्दर रूप क्यों नहीं है?
क्यों नहीं हो रहे हो उच्छ्वसित?
अथवा उल्का वेग से उल्लसित?
इतना क्यों है तुम्हारा पूँजीभूत क्षोभ
अथवा यह भयंकर मूर्ति?
तब क्या तुम पर भी है प्रभावी प्रदूषण?
इसीलिए तुम इतने कुपित,
इतना ध्वनि-प्रदूषण, इतना आकाश-प्रदूषण
जो तुम बता नहीं पा रहे या सम्हाल

इसीलिए है तुम्हारा विद्वेष, विषाक्त निःश्वास,
दुख से कोप से खो रहे हो विश्वास
बहा रहे हो उजाड़ कर नयन-जल
धमकाने के सुर में रहे हो गरज
गर्जन व चमक से लगा रहे हो विवाद
छीन ले रहे हो अनेक प्राण
प्लावित कर रहे हो मर्त्य-पाताल,
भूल जाओ गुस्सा, क्षमा कर दो
माटी की पृथ्वी को,
शान्त हो आकाश
शान्त हो जाओ धरणी
शान्त हो माँ प्रकृति।

कविता-2

कुहासों की सन्ध्या में मेरी सुबह
खुशी की धूप में झिलमिलाती शाम
सुनहरे माथे पर हँसी टाँक कर
चले हैं हम कलिम्पोंग करके पार
जीवन में हर क्षण ही होती है नई सृष्टि
पहाड़ी फूलों में आता है प्रेम का दान

वर्षा के पहाड़ों के छातों के मेले में
मयूरपंखी पंखे न देखे जायँ

दोनों ओर ही हरियाली का संसार
नित्यछन्दों में पहाड़ी गीतों की बहार
पहाड़ी बालाओं का गुलाबी मुख
देता है भुला सारे दुख

पहाड़ी डेरों में घर हैं काठ के
लगता है मानो ज़ीने हों सौन्दर्य के

आकाश में हरापन हवा में हरापन
हरा है मेरा मन
पहाड़ नदी समुद्रों के अरण्य में
बीत जाये यह पूरा जीवन।

आश्वस्ति

पहाड़ के हँसने पर मैं प्रफुल्लित
पहाड़ के रोने पर मैं लज्जित
न आ सकने पर मैं होती हूँ मलिन
कंचनजंघा बिन जैसे पहाड़ विलीन
पहाड़ का है सदा रंग खिला सा
पहाड़ रहता है मनों में सदा
तुम तो हो मेरी खुली पृथ्वी
तब क्यों दरवाजे पर चाबी
तुम तो मेरी हो विश्व-छवि
तुम ही मेरे जीवन कवि
शान्ति से तुम सभी रहो
साँझ का मेघ आश्वस्त करो

[23 अक्तूबर, 2013 : कार्सियांग से दार्जिलिंग के रास्ते पर]

रिचमंड पहाड़ी

मेघ ने हमें चारों ओर से घेर रखा है
मेघ के चारों ओर हम प्राय: अवरुद्ध हैं
हमें घेरे हुए मेघ की हँसी देख कर
मैं प्रचंड रूप से हूँ सराबोर
नीचे से जब मेघ देखूँ
लगता है मेघ हैं कितने दूर
कितने बड़े आकाश में है उनका स्थान
जब मेघ चमके, मेघ पुकारे, वज्रध्वनि हो,
तब हम लोग उनके बारे में जान पाएँ
मेघ-मल्हार की आवाज़ सुनें
कभी कहते मेघ-मल्हार, कभी सुनें मेघ की हँसी
कभी मेघ मेघ से गर्जन, कभी फटकार (तर्जन)

किन्तु यह पहली बार देखा दार्जिलिंग में आकर,
दार्जिलिंग में बैठकर
हम एक बगीचे में बैठे हैं,
वहाँ कई खुली हरी जगहें हैं
हमारी पूरी जगह को अवरुद्ध कर दिया मेघों ने
यही मेघ माटी पर से लगते हैं कितने दूर गगन में,
किन्तु यहाँ लगता है हमारे संग मिल गए हैं
मेघों के इस तरह मिल जाने का जो आनन्द है
इसका किन्तु एक अलग तरह का महत्त्व है

इस प्रकार ही मेघ है बनता, यह तो हम हैं जानते
किन्तु मेघ इस भाँति कुहासे की तरह आ
हमें घेर लेंगे,
इसका मतलब हम मेघ को भी पसंद हैं
हम क्या मेघ–बन्धु हैं?
मेघ के संग आज हम लोग
मेघ से है एक ही अनुरोध
गर्जन नहीं, तर्जन नहीं
बाढ़ नहीं, दुर्योग नहीं, और नहीं दुर्भोग
मेघ बन जाये मनुष्य का प्राकृत प्रिय–मित्र॥

[24 अक्तूबर, 2013 : रिचमंड हिल, दार्जिलिंग]

चिन्ता प्रदूषण

परिवेश प्रदूषण
वायु प्रदूषण
ध्वनि प्रदूषण
प्रदूषण है या दुश्मन?
सबकुछ सर्वनाशी।
जिसे जो समझना है, समझे भाषा
किन्तु हृदय प्रदूषण
अथवा मन प्रदूषण
होने से कभी निस्तार नहीं।

शंका और आशंका के
तूफान इसके इतिहास
सोचते ही सोचवाएगा
जलाने पर जलाएगा।

चिन्ता में प्रदूषण
यह तो स्वप्न से भी
भयंकर दुःस्वप्न
शुरू हो जाने पर और रुकता नहीं
भँवर वाली आँधी की भाँति
घूमती है तो बस घूमती है।
इसीलिए मुक्ति पाने की राह

चिन्ता से मुक्ति!
जिसका कुछ भी निषेधक नहीं
तो चिन्ता प्रदूषण को
प्रश्रय न देना ही भला।

भरपूर

नाला-बिल-नदी-समुद्र-तालाब
सभी हमारे कर्म के दोपहर
बाउल की माटी पर एकतारे का सुर
माझी की नाव में यात्री भरपूर॥

गंतव्य सभी के उनके पथ पर
प्यासा जलीय तना प्यास बुझाये
माटी की सुगन्ध और जल के स्रोत में
गीत चाँद गाता है चाँदनी रात में॥

चमकता है जल में जुगनू कीड़ा
झींगुर-आवाज़ में नाक ने पुकारा
आकाश ने ढँका है हरा सा इलाका(वलाका)
नदी के तीर बैठी हूँ अकेली (एका)॥

जीवन तट के सभी शून्य भरूँ
भटियाली सुर में बहे सुपारी पान सुर्खरू
बही चले नाव घुमाए पानकौड़ी
जलोच्छ्वास सोचे अहा मरूँ मरूँ।

रात पार कर आए सूर्य प्रभात
पक्षियों के कलरव में शेष हो रात
भोर हवा में शुरू हो हिसाब का अंक-पात
ईद का चाँद बोले, दो न जी ज़कात॥

कर्मप्राणा

बहुत रास्ता पार कर आई
    अपनी पसंद के ग्राम बांग्ला में
धान के गोले, तुलसी के पेड़
    और गौरैया पक्षी के पक्षीशाला में।
धान के खेतों के गाँवों की छाया में
    पालक शाक की भूमि में
चने के पेड़ के चने के दाने में
    ग्राम माता
को देखूँ 'तुम में'।
मेरे तुम्हारे मन में अभिमान
    पौष–पूजन में भी मानिनी
नये धान के नवांकुरित पात पर
    कमलपत्ता भी मग्न सुने रागिनी।
माटी का रास्ता मेड़ किनारे
    पोखरे के जल में तैराई
मेरे प्यारे ग्रामबांग्ला का
    बाहर से आहार जो सजाई॥
मधु मालती के मल्लिका वन में
    मानसी (कल्पित) कन्याओं की बहार
सूर्योदय से पूर्व ही कर्मप्राण ग्राम
    मेरे मन का रनर॥

बांग्ला

बांग्ला हमारा प्यार
माटी हमारी कन्या
शरद हरसिंगार की पूजा अन्तहीन
कास फूलों की श्वेत वन्या (बाढ़)।

अज़ान के सुर में सुर मिली वन्दना
गीत-वितानों में गीत उपासना
ग्रन्थ साहब की भक्ति आराधना
बाइबल मानो एक अनन्या।

रियास रियास हवाई नींद
महानन्दा तिस्ता के रिश्ते की धूम
नर्मदा-कावेरी-गोदावरी
गंगा-यमुना-पद्मा-सुन्दरी

तराई-दूयार्स-मंगपंग-सुकना
जंगल के जंगल सब पहचाना
दीघा-मन्दारमनी-उदयपुर
बकखाली-सागर-समुद्र सुन्दर

नालाबिल-तालाब-नदी नाला
चुनो-पुंटी-टेंगरा मछलियों का खेला
एकतारा-बाउल-भटियाली
ढोलक-मृदंग-झांझ-करताल

शालिक*-तोता-मैना-मोर
सभी जैसे बसन्त की दोपहर
पशु-पक्षी-वृक्ष-लता
प्यार योग्य हैं सभी अरण्यमाता

माँ का आँचल हमारी फसल
बांग्ला हमारी माँ!
शंखध्वनि और अज़ान की ध्वनि
भाषा में सीखूँ अ-आ।

तुम्हीं हो मेरा प्यार
तुम्हीं बांग-जननी
तुम्हीं हमारे पथ की दिशा
तुम्हीं संस्कृति की राजधानी।

तुम्हें लेकर ही रास्ता चलना
तुम्हीं बांग्ला की कांडारी* (निर्मात्री)
तुम्हीं सबका सूर्य-सकाल
रात्रि के आश्रय की दिशारी*।

तुम ही हमारी चन्द्र-सन्ध्या
तुम ही हमारी चेतना
तुम्हीं सुवासित रजनीगन्धा
भविष्य की स्वप्न-प्रेरणा।

तुम हो हमारे स्वप्न का बांग्ला
उम्मीदों के बंग-ललना
तुम ही आगामी प्रकाश की शिखा
विश्वबांग्ला के नैना॥

पेड़

पेड़ भी बातें करते हैं,
पेड़ भी संघर्ष करते हैं
पेड़ भी प्रतिरोध करते हैं।
पेड़ कोई मौनी बाबा नहीं,
पेड़ एक जीवनधारा है।
पेड़ की हवाएँ
पेड़ की डाली-पत्तियाँ
सभी कुछ साँकल बँधी हैं।

जो पेड़ को वाक-मूक समझते हैं
प्राण प्रवाह में अकाल सा मानते हैं
उनके लिए हरित-धिक्कार है
(क्योंकि) पेड़ शाश्वत स-काल हैं।

एक पृथ्वी

इस पृथ्वी की एक ही मिट्‌टी
एक ही हवा और आकाश
सीमा से सीमान्त के परे
पर्वत सागर हैं निःश्वास।
इस विश्व में मनुष्य महान
महान है यह विश्व-घर।
है यह पृथ्वी एक ही देश
एक ही सूर्य-जनित भोर।
सारे देश हैं सबका देश
सबों के संग सबों का आवेश,
स्नेह-स्पर्श की एक ही छुअन
स्वप्न-विभोर है प्राणों का पवन।
उत्सव के नाम पर फैले आनन्द
देश-दिशाओं में जागे जीवन-छन्द।
विश्व मुसकाए दृग-तारों में
शिउली फूले तृण-चारों में।
जलाओ जलाओ जलाओ
प्रकाश हमारा प्रकाश।

पहाड़-पृथ्वी

मेघ की छाया में
धूप की माया में
तनहा सिर्फ मेघ-झंकार है।
छाया वीथि में
स्वर्णालंकृत शिखरों पर
हल्का सा मेघ-अहंकार है।
संचयी मेघों की शंकायुक्त
संकुचित प्लावित बेड़े पर
        हरीतिमा का अलंकार है।
सदाबहार, ओर्किड और
कैक्टस के बरामदे में
        फूल ही जगत का मणिहार है।
पहाड़ से पहाड़ तक
        परत दर परत में,
प्रकृति का जल फव्वारे बनाता है
जल-प्रपात के रूप में।
पहाड़ों की गोद में
मेघ और धूप में
देखोगे मायावी छाया-वीथि
मेघ-कुहासे में
नींद से जागे पहाड़
यही तो है पहाड़-पृथ्वी।

जंगल महानन्दा

तराई डूयार्स को घेरे
फैला जंगल का समावेश
महानन्दा के जंगलों को समेटता
पसरा पड़ा है अरण्य-प्रदेश।
महानदी, पुंडिंग, सुकना,
कोकलाब*, कुही*
योगीझरा*
गोला*-चावा*-अँधेरी*
लोअर* चम्पासारी*
बादर झोरा।*
अपर चम्पासारी*
पंचसई* सिलिविटा*
रूएम*,
इष्टिसेवक*, गोदलपुर*,
रंगडंग*
चामटा*, लोअर घोडामारा*
नॉर्थसेवक*, समरडांगा*,
गुलमा*,
गुलमा वैलि*, हातिसार*,
लालटंग*,
बतलालुका*, सिंगीमारी*,
वेस्ट सेवक*, छोकला*

लाटपांचार*,
झिलाईकुडी* सह और
कितने कितने जंगल,
जंगल हैं महानन्दा के उपहार।

* उत्तर-बंगाल की नदियों के नाम

फिर होगी मुलाक़ात

फिर आऊँगी लौटकर
भूटान पहाड़ से होकर
स्नेह-प्रेम का पथ पकड़ कर
पर्वतों के शिखरों से होकर
निज हृदय को तृप्त कर
स्नेह-प्रेम का स्वर्ग!
यादों की भोर में रख दिया है
        स्वप्न-सूर्य हरित-प्रान्तर में,
        स्वप्न-संगी के साहचर्य में
झूलती हुई छाया की माया में
शान्त धाराओं की शान्ति छुअन में
        बन्धुत्व-नदी की धारा में
पहचाना तुम्हें,
देखा तुम्हें,
स्पर्श किया
झुलाया
प्यार किया,
तुमने भी प्रत्युत्तर दिया।
धन्य है तुम्हारी आतिथेयता
पूर्ण तुम्हारी माहात्म्यता
साथियो, तुम्हारी एकाग्रता
सुन्दर पहाड़ों की सुन्दरता
हरीतिमा सह फलदायी जीवन-यात्रा।

फिर होगा मिलना
होगा बहुत कुछ सीखना
चलूँगी पैदल राहों पर
जानूँगी भूटान को नये रूप में।

सृष्टि

मुक्त सृष्टि के मुक्त गगन में
अचल अटल है ज्वालामुखी
कापुरुषता कायरों की मरुभूमि में
तूर्य-मंत्र सदा ही रहता राजामुखी॥
उदास गगन का भयभीत साहारा*
जहाँ नहीं है कोई सबल-यान,
धूर्त-कपटी न होते बलवान
शक्तिशाली है ज्ञान-विज्ञान॥
श्वेत, पीत, काले, धूप में है सब म्लान
सर्वस्व नाश करने वाला सर्वनाशी जैसे शैतान
नवप्रभात को प्रातःकालीन गीत का दान
सृष्टि के आलोक में सँवर बना नवीनदान॥
भादों की चादर में केवड़ा-पत्तों से निर्मित नाव
हिमालय-शिखर से अहर्निश चलता रहता है भराव
गगन में उड़ते आकाशी मेघ, मेघों की कतार
हिम की वर्षा से होता रहता है सृष्टि में निखार।
कलाकार की गोद में सृष्टि की चेतना
व्याप्ति की झलक है आँखों की पलकों में
आँखों की पलकें मिश्रित हैं कलाकार के अंकन में।

---

* रेगिस्तान 'साहारा'

अभिमान

वृंत से झड़ जाने पर भी कभी
फूल सौरभ नहीं खोता,
गन्धराज को ढँक कर रखने पर भी
सुगन्ध को कैद नहीं किया जा पाता।
पेड़ पर जब फूल खिले होते हैं
उनके सौन्दर्य लगते हैं भले,
नित नवीन ऋतुओं की बहारों में
विस्मयकारी फूल सारे खिलें।
वृंत से वृंत पर लगे फलों को
लिए जाने पर तोड़
अभिमान और मन की यातना से
पेड़ की आँखें बहाएँ लोर।
सारी सृष्टियों की सृष्टि में रहता
अपना अपना स्व-रूप
आओ न सारे अभिमान भूल कर
जलाएँ हम स्वागत की धूप!*

---

* अगरबत्ती

बन्धु

बन्धु! हे बन्धु!
याचन कर देखो ओस बिन्दु
एक छोटा सा बिन्दु
मोती जैसा लगता है बन्धु

तृण तृण में पत्ते पत्ते में
आकाश में हवा में पहाड़ों में
पर्वतों के शिखर बिन्दु में
जगाओ विवेक अपने अन्तस में।
बन्धु की राह बड़े बन्धु की
बने हृदय ही महासिन्धु।

असमय में दुर्दिन में
रोग–शय्या में महाप्रयाण में,
दुख वेदना रुदन में
बन्धुत्व रहे बन्धु के बन्धन में।

आकाश

ओ आकाश, तुम नहीं बसाते घर क्यों ?
ओ हवा, तुम्हारा मुँह उदास क्यों ?
वर्षा, तुमने सीमा को पार किया क्यों ?
बाढ़ की छाया देख रोती नहीं क्यों ?
ओ आकाश, ओ हवा, ओ नदी और पहाड़।

आकाश–हवा–नदी–सागर और पहाड़
पृथ्वी पर प्रकृति के सारे उपहार
बीच बीच में प्रकृति भयंकरी
जीवन–नाव सागर में तैराती।

आज कहाँ चलने की राह का अन्त ?
घूम–फिर कर जाना होगा हद पर्यंत
तभी तो नहीं सोचती, सोचना भी नहीं चाहती
जाऊँगी ही जाऊँगी जहाँ होगा न कोई अन्त
ओ आकाश, ओ हवा, ओ नदी और पहाड़।

हरा

किसान भाई, हरा जगा है
पेड़ पेड़ डाल डाल पत्ते पत्ते पर रे
आकाश में, हवा में, अरण्य में।

किसान भाई, चलो जाएँ हरे की खोज में
स्वर्णिम आभा सा रंग लगा है हरे हरे धान में
धान के खेत में चलो चलें नए धान के आकर्षण में।

आँख मानो ठहर जाये हरे नभ की गन्ध में
मन करता है गीत गायें वन में अरण्य में
हरा मन हरा वन चले हरित प्राण में।

सृष्टि का ध्वंस कर हरीतिमा का प्राण लेना ना
हरेपन का हरितद्वीप है जीवन में बचने की प्रेरणा
सभ्यता की सृष्टि को उखाड़ फेंक देना ना।

विचित्रता

मेघ के भीतर मेघ घिरे हैं
नाम है उसका मेघालय।
पहाड़ों पहाड़ों में पहाड़ निर्मित है,
नाम है उसका हिमालय।

सूर्योदय का प्रथम अरुणोदय
नाम है उसका अरुणाचल,

प्राकृतिक सौन्दर्य की प्रकृत भूमि
नाम है उसका वनांचल।

राजस्थान में मरुभूमि है
यही हमारी जन्मभूमि है,
बर्फ से ढँके कुल्लू मनाली
यही हमारी भ्रमणभूमि है।

पंजाब में हुई हरित क्रान्ति है
और गुजरात में खादी,
महाराष्ट्र और सौराष्ट्र में
सुनते हैं है दीर्घ उम्र अवधि।

मायापुर और मणिपुर में
सेतु-बन्धन होता है,
पूर्व भारत में भाषा-बन्धन
उत्तर-पूर्व में भारत की जय होती है।

बंगाल में देखा हमने
नवजागरण की ज्वाला,
राष्ट्रभूमि की चाहत में
पीएँ देश-प्रेम का हाला।

टार्नेडो

मैं शान्त हूँ, मुझे शान्त रहने दो
मिलते रहे क्रमवार आघात दर आघात
तभी तो मैं बन गई निर्भया,

मैं आँधी, मैं तूफान, मैं टार्नेडो
और कभी मैं उड़ंत भँवर
कभी तो अग्निशिखा अथवा कहर।

काल-वैशाखी की डपट से हो जाती हूँ जिद्दी
फिर से बाँधू भंग कर करके बाँध
संघर्ष चलता रहता आदि से अनन्त

बन्दूक की नाल को कर देती मैं स्तब्ध, भोथरी,
मैं बहती नदी, मैं अधूरी,
कभी तो मैं फिर से धुआँ सा रे
पार कर जाती सारा कुहासा रे।

विद्रोही की आँखों में हो जाती विद्रोहिनी
तपस्या में फिर संन्यासी
अपने मन में स्वयं-विश्वासी।

संग्राम में बहे बहुत रक्त, बहुत आँधी हवा
बहुत बहुत गए प्राण
बहुत जीवन बहुत बलिदान।

तभी तो दिल में प्रतिरोध का डंका बजता
तुषार के सफ़ेद हिम करके पार
काँटों के बीच जीवन करके प्रदान

रौद्र में हुई तप्त, कभी फिर हुई दग्ध
क्षत-विक्षत हृदय प्राण
पीछे मुड़ने का नहीं अब कोई कारण!

वन्दना

सुर-लहरी के स्वर्णिम परमाणु
स्वर्णिम मंडप के खुशबूदार धनु
    झरोखे से झलकता बहिर्दृश्य
    पहचानती हूँ तुझे चिनू।
इन्द्र-धनुष के रंगों का निवास
रंग का बे-रंग होता रंगोच्छ्वास
    आकाश में आकाश माला
    आकाश सुन्दरी का खेला।
सूर्य ग्रहण—चन्द्र ग्रहण
तारेगण करते सारे तर्पण
    मेघों की दुनिया में जल
    वो है आकाश की फसल।
रम्यवीणा रुद्रवीणा
छन्दों में बसती छन्दवीणा
    आराधना और तर्पण
    वन्दना करूँ अर्पण।

आधी रात

मध्य रात्रि के सघन अँधेरे में
जब सारे बेसुध सो जाते हैं
निशा लहरी के पथ-पार उधर
गगनविहारी बुला मुझे लेते हैं।

सभी होते जब नींद उड़ान में
स्वप्न-स्पर्शी पारस पत्थर पर
निश्चित मन के निर्मल आधारों पर
आता सुर-पक्षी सुर पकड़ कर।

सावन रातों की जलधारा में
आकाश में बादल गहराते जब
मध्य रात बुलाती आओ दौड़े आओ
रात ठमक सी जाती जब।

मुखर झींगुरों की गूँज के बीच
नींद नहीं इन पलकों में आती
संगीत खोई निर्जन रातों में
इस राह मैं क्यों चल नहीं पाती?

पथ का नशा गीत की भाषा
देती यह वाणी मन की आशा
गीत-स्वर्ग की स्वर्ग-राशि
समर्पित प्रेम तुझे मध्य रात्रि।

यह भूमि

इस भूमि की मिट्टी का बन्धन
बाँध रखे जकड़ कर सभी को
सोने की मिट्टी से भी खरा
यह देश अपना ही लगे सभी को।

इस मिट्टी के प्रति धूल में
जन्म हुआ नवजागरण का
इस माटी के पूर्ण वीरत्व में
धन्य हुआ जन्म हम सबका।

इस मृत्तिका के सब वरन योग्य
वीर सन्तानों का दल
इसी मिट्टी में बोना होगा
सफल साधना की फसल।

इस मिट्टी में ही जन्मी हैं
इतिहास की अनेक दीक्षा,
यह धरणी ही दे सभी को
प्रकृत मानव शिक्षा।

बालुकामय सागर-तट

सागर का तट मिल बैठा है
मनुष्यों के मुहाना से
संगीत-स्वर उछल पड़ा है
चन्द्रमा की ज्योत्स्ना से
शीश ऊपर ध्रुवतारे की झलक
उत्सव के अखाड़े में
सागर-लहरों में आकाश-रंग
बालुकामय किनारे में।
सागर बनाए बालू का घर
उदयपुर* में लौटती लहरों से
और ताजपुर* में मिलता है यह
नदी के मुहानों से।
मत्स्यजीवी मिलते हैं उत्सव में
गंगादेवी की कामनाओं से
और मन्दारमनी* की अँधेरी रातों में
लहरें बनती हैं सागर-जलकणाओं से।
सागर-प्रेमियों के आनन्द-छन्द हेतु
दीघा बालुकामय तट देता है
मनुष्य और मनुष्य के पदार्पण से
चलो प्रिय दीघा*-तट जाया जाता है।

---

* बंगाल के प्रसिद्ध दर्शनीय स्थल हैं।

उत्सव

उष्ण सन्ध्या की गोधूली बेला में
        वृक्षान्तर से सूर्य की ताकन-झाँकन
जंगल महल के अन्तरमहल में
        शान्ति हेतु पथ का लेखन-चित्रांकन।
तरंगित झूलते पक्षियों के कलरव में
        पल्लवित होता है केंदुआ-पत्ता
फूल-फलों के वनस्पतियों के रंगों छन्दों में
        अत्यन्त रमणीय है वृक्ष-माता।
वन जंगलों के शाल शहतूतों में
        महुओं की मची है झूम
नवजात पक्षियों के गीतों में
        मची है पिटते मादल(ढोलों) की धूम।
जग रहा है लालगढ़*, हँस रहा है नयाग्राम*
        झाड़ग्राम* में हो रहा है उत्सव
उच्छ्वास में उत्कर्ष के झिलमिल में
        जंगल बन रहा है हमारा गौरव।

---

* बंगाल के प्रसिद्ध स्थल

समुद्रतट

समुद्र सूर्य की चकमक से
लहरों पर चाँदनी हँसती है—
मन्दारमनी के समुद्र तट पर
अन्धकार प्रकाश के खेल में
समुद्र-कन्या सी लगती है।
बालू कण ताराओं सा
टिम टिम करता दिखता है
और चन्द्र-ज्योत्स्ना की आभा में
झिलमिल करता आकाश बुलाता है।
रास्तों से समुद्र तट से होकर
केवल मनुष्य आते हैं
नीरव में निःशब्द हो शान्ति का निःश्वास
हवा में केवल बुलाते हैं।
समुद्र तट के कंकड़ सारे
प्रकाश की माला हैं गूँथते
तुम्हारे मेरे बालों के जूड़े में
शंख कंघी* हैं फेरते।
झाऊ वृक्ष के पत्तों की हवा में
मैं और तुम डेरा बाँधते हैं,
मन्दारमनी की प्राकृतिक खान में
जीवन के उत्सव होते हैं,
दीघा-शंकरपुर की नई साज में
सागर के सुगन्ध फैलते हैं।

* शंख से बनी हुई कंघी

पूर्णिमा

पूर्णिमा के चाँद बचा कर रखो
अपनी आभा को, रोशनी को।
पहरा दे रहे हैं तारा गण
बन्द करो न उन पर दरवाजे को।
सम्भव हो तो छूने दो।
दुर्बल है रात, न करो आघात
चन्द्रकणों के चन्द्र बिन्दु पर
ऐ रात सुन्दर विदूषी
उस सुन्दरता की रात्रि–बहार में
पर्णकुटी को मनोहारी बनाने को
थोड़ा सा चमका दो।
विश्व–अध्ययन करने के बीच
आओ जीवन नई साज में
आकाश भर स्नेह–प्रेम में
स्वप्नविभोर नवप्लावन में
पूर्णिमा तुम बह चलो।

नई पीढ़ी

नई सुबह में नई सम्भावनाओं सहित
नई पीढ़ी जागेगी।
विफल होंगे लज्जा के आघात
तुषार कण हँसेगा॥
उद्यमी यौवन पवन गर्जन सह
कदम कदम बढ़ेंगे।
पर्वत–शिखर पर सागर–विहंग
किचिर मिचिर गायेंगे॥
मिट्टी के दीपक की आधार धूल में
जलेगी प्रगति की शिखा।
धर्म वर्ण की संयुक्त शक्ति
लाएगी प्रकाश की तूलिका॥
सजा कर अपनी जीवन–नाव
अपना भविष्य बनाएँगे।
इच्छा–शक्ति और परिश्रम से
छात्र–यौवन बचाएँगे॥
अपना जीवन सजाना होगा
अपने पाँवों हो खड़ा।
आओ मिलकर सभी शपथ लो
दुर्बलता को दो हरा॥

मेरे आँगन में

सुन्दरी-सुरभि-सुगन्ध नीरव निलय
यदि होता मेरे आँगन में
मेरे दिवस रात्रि यदि समाप्त होते
समग्र संसार के सार्वजनिक प्रकाश में॥

मेरे हृदय में बहती यदि विनाशकारी हवा
मुक्ति-निर्माण हीन सुर में गीत गाते विहग
आकाश से उतर आते चन्द्र-तारे नीचे
तब शान्ति से शीतल होते नयन मेरे सजग॥

झरने का जल यदि आता मेरे घर में
नदी बह जाती बिछौने के ऊपर
आँचल में समेट रखती जल के स्रोत
लहरों की तरह डूबती-उतराती इस पावन जल पर॥

यदि काले मेघों के सीने में बहता बसन्त
होता प्रभात विद्युत की चमक-दमक में
यदि दौड़ता हृदय हवा में गुम होकर
तब मैं तो होता प्लावित द्युलोक भूलोक में

जगत यज्ञ में मैं तो एक छोटा सा हिम कण
सर्वदा ही आघात-प्रत्याघात से अनमना।

बन्धनहीन वृष्टि धारा ही झर-झर झड़ता हूँ
सबके भले में, मैं भला रहता हूँ, अन्यथा दुख से दुखी॥

धूसर जीवन की गोधूली बेला में पियाल-छाया वाले वन में
जागता हूँ, जागा जागा रहता हूँ जीवन के प्रत्येक क्षण में
प्राण के स्पर्श में पिपासा लाता हूँ आकाश के नील गगन में
शान्ति की धारा प्लावित हो जाये सभी के हृदयों-प्राणों में।

कूड़ा

इस पृथ्वी पर जितना भी अन्धकार जमे
इस कूड़े को दूर करना ही होगा।
आधी रात के बादलों की वर्षा सम्हाल कर
तृण-पल्लवों को अच्छा रखना ही होगा।

काले मेघों से बाहर निकल आओ
सफ़ेद-आसमानी नीला आकाश की हर दिशा में फैल जाओ।
कलंक जिसकी सुगन्ध, रुद्र-मुख का सुप्त आनन्द
पग पग पर अप्सराओं को झुलाते पलंग सानन्द॥

आँगन में खेलेगा शिशु, पक्षी के कंठ से निकलेगा गान,
धान के खेत बनें तीर्थ क्षेत्र, माँओं के आँचल शान,
शाल-पियाली के पत्तों की छाँव में नीरव निर्जन में
नाचेगी कोयल, गाएगी उषा, आँवला नाचेगा साँझ में।

चिरकल्याणी प्रकृति धन्य, स्नेह करूँ मैं वन्य-अरण्य
तुषार-हिम-बर्फ-लहर-नदी-समुद्र पूर्ण
यह पृथ्वी तो हमारी तुम्हारी, सभी-सभी के लिए
सुर में—गीत में—छन्द-ताल में पृथ्वी बाँचे अनन्य।

मरु और मेरू के आलस्य से राह की धूल की हँसी
स्तब्ध रात्रि की स्निग्ध छाया में अमृत-स्पर्श से दिन हो जाता बासी

मध्य-रात्रि के स्वप्न से निकल प्रातः पृथ्वी जागे
ललाट नेत्र की अग्नि पुकार से स्वर्ण प्रभात आए।
षड्यंत्र की अभिशप्त बुहारन दूर कर जीर्णता को भगाओ
आज भी भविष्य प्रतीक्षा कर रहा, पृथ्वी पर शान्ति लाओ।

सुन्दरी

सुन्दरी—अनन्या
समुद्र का फेना
किनारों के पार
डैना फैलाये
चली है सागर-कन्या
मणि-मुक्ता साथ लिये
चली हैं वो
स्वयं को सजा कर
सागर जननी धन्या
तुम सुन्दरी—अनन्या।

ग्राम

सुनील श्यामल सुधा भरे
बंगालग्राम के देहाती जने।

हृदय-कुंज के ज्ञान-बाग में
गाँव सँवरता है गाँव की चाह में।

गाँव की सम्पदा से उत्सर्जित
शहर-नगर के सारे प्रान्त।

सहज सरल है ग्राम की जीवनधारा
प्रतिभामुखी है ग्राम सुप्रभात भरा।

हरे धान खेत हैं और पोखरों से घिरे
प्रकृति के आह्वान में स्वभाव से खरे।

गाँव के धूल कणों में होती गाँव की गन्ध है
गन्ध को भरने वाले होते ग्राम्य-प्राण हैं

तभी तो है ग्राम के प्रति आकर्षण
गाँव है हमारा सदा से स्वर्ण-वितान।

धरती और आकाश

वे केवल आकाश देखते हैं
आकाश-विचरण उन्हें भाता है
आकाश ही उन्हें उपाय सुझाता है
आकाश में ही उनकी भाँति 'हाई फाई' चलता है॥

माटी की पृथ्वी को वे नहीं पहचानते
नहीं जानते मिट्टी की गन्ध
आकाश में घूमते हुए ही वे चिन्तन करते हैं
वे महादाता भ्रष्ट हैं॥

नहीं जानते वे मिट्टी के न होने पर
आकाश पाते कहाँ से?
मिट्टी संग सम्पर्क रहने पर
तभी आकाश पाया जाता है॥

जन्म से ही सोने का चम्मच
जिसके जीवन में धन की बाढ़
मिट्टी के लिए वे रोएँ क्या
नहीं वे मिट्टी के आत्मज॥

कंसावती

कांसाई और कुमारी को लेकर
बनी है नदी कंसावती
यही हमारे प्यार की
हृदय की है अमरावती॥

चारों ओर सिर्फ पहाड़ी तल
हरीतिमा से घिरा पहाड़ का शीर्ष मुकुट
आसपास हैं कालों से आदिवासी समूह
शक्ति-डोर है जिनकी अटूट॥

सोचा था रहूँगी पहाड़ की गोद में
पहाड़ों में ही रहेगा आश्रय
अदृश्य ईर्ष्याओं ने जंगल को देखा
जंगल ही पहाड़ों का साश्रय॥

माना जंगल के आदिवासियों ने कहा
जंगल जीता हुआ जंगल
हाथियों ने एकसाथ सूँड़ उठाया
जंगल में हम हैं एक दंगल॥

केंदु-पत्ते जिनका केंद्र-बिन्दु
चींटियाँ काटतीं सारा शरीर

जंगल के मूल अथवा काटे जिनको सिंधु
अन्यथा अनाहार से जो वधिर॥

अनाहार से, दुर्भिक्ष से रोये अमलासोल
रोते निर्धन स्वजातीय जन
नहीं है एक बूँद जल या औषध
बन्दूक खरीदने के कितने स्थान॥

जंगल में बन्द हुआ उनका प्रवेश
वहाँ एकत्रित हुआ है माओ-हास
गरीब होंगे और भी गरीब
वहीं ढीठों-गँवारों का सर्वनाश॥

दो मुट्ठी भात जो दे नहीं सकते
वे बने हैं घूँसा-मार योद्धा
कहाँ मुँह चुराएगी यह सभ्यता की लज्जा
अमानवीयता ही है सभ्यता की नई सज्जा॥

ज्योत्स्ना

मैं हूँ रात्रि की ज्योत्स्ना
अंधकार-नाशक साधना
मेरी दो आँखों का तारा
नहीं हैं दिशाहारा॥

तुम रात्रि की छलना
नहीं आता दुख सहना
तुम अभाव जानते नहीं
है आमोद प्रमोद खानदानी॥

मैं हूँ मनुष्यों का विहान
दोपहर में मैं अपरान्ह
सन्ध्या की आभा में लाल
रात्रि में हूँ सबका हाल॥

रहती हूँ चाँद के आसपास
तारों की छटा से करती प्यार
तैरूँ मेघों के अन्तराल में
सर्वत्र रहती मनुष्य-संग में॥

मिट्टी में हूँ मैं प्रजा-सन्तति
सन्ध्या की हूँ मैं अगर बत्ती

दुख में प्रकाश का दीपाधार
प्रयोजन से रहूँ मैं सारी रात॥

यही है मेरे चलने का विस्मय
तुम हो प्यारी रानी के प्रत्यय
मैं अभागी रानी का आश्रय
अत: हूँ मैं अँधेरे में प्रकाश का वराभय॥

ऋतुराज

ऋतु चली गई है ऋतुराज बनकर
रह गया है स्मृतियों का पहाड़
ऋतुराज के ऋतु बसन्त में
हर तरफ रही बहार।
ऋतु का अर्थ ही सृष्टि
ऋतु का अर्थ ही चेतना
गन्ध में वर्ण में छन्द में स्वप्न में
स्वयं ही स्वयं की प्रेरणा।
बीत गई है ऋतु, हो गई है इति?
पड़ी रह गई केवल जूही-फूल की स्मृति।
जहाँ भी रहो, वहीं निर्मित करो
नवीन पृथ्वी की सृष्टि करो।
नये पथ के स्वप्नों के आरोह और अवरोह हो तुम
धूप ढँकने वाले चन्द्रज्योति के अहसास हो तुम
तुम कलाकार की प्रेरणा
तुम ही स्वयं की तुलना
आओ जी सम्मान सह लौट कर
बांग्ला के धरातल पर।

नगाड़ा-मृदंग

माँ माटी मानुष के प्रांगण में
सन्ध्या-रात्रि की चन्द्र-ज्योत्स्ना में
आकाश पथ पर कतार दर कतार तारा
लगता है यह जीवन है आनन्दधारा।

उन्मुक्त प्रकृति की उन्मुक्त जगह में
जहाँ खड़ी होती आकर पृथ्वी मिट्टी के बरामदे में
रास्तों के दोनों ओर लाल मिट्टी
और हरा तोता वन
पलाश-बसन्त की रक्तिम आभा में
मन हो जाये बेचैन।

वनज-फल

हरियाली घिरे वन-अरण्य में
पशु-पक्षियों के मेले लगते
उनके जीवन के आहार बहार में
अनेक किस्म के वनज-फल।
रुद्राक्ष-अहोई-टोटोला
मानदाने और गोकुल
काउला सीटी दबदबे
कत्था भींगे चावल का आटा-वकूल।
कुंभी-चालता-टाटारी
छातिम-चांपा-कार्टूस
नारियल और वनफूल भी फले
सुन्दर होते जिससे मनुष्य।

वन-पाखी

गुलेल, धनेश, मैना, शालिक*
भीमराज, दूधराज, बुलबुल
तोता, पेंडुकी, हरा-पक्षी
मोर आदि की करूँ पहले चर्चा।
राजधनेश और वन-हंस के
बीच रहती सदा है दोस्ती
लक्ष्मी के उलूक की आवाज़ और रंग में
लक्ष्मी के उलूक के स्वर और लय में
अरण्य का होता वनांजली।
कोकिल और बांश-पक्षी...
सन्ध्या होते ही ऊँघते,
संग में हैं और भी पक्षी
मन से हैं ऊबते डूबते।
पक्षियों के कलरव से शुरू होती सुबह
पक्षियों के कलरव से ही होती है सन्ध्या।
किचिर मिचिर गीतों की भाषा में
मन के आनन्द से है सुर मिलता।

---

* पक्षियों के नाम

वनफूल

बसन्त आ रहा है
शीत चला जा रहा है
फूल सुन्दरियाँ नये रूप में
थोड़ा थोड़ा सोचवा रही हैं।
इस बार गई कलिम्पोंग के
मङ्गपङ्ग की ओर
है जंगल सुन्दरी हमें बुलाती
और बुलाते हैं झिंझि–गुलेल
कोकिल की कुहुक से याद आई
बसन्त के सौरभ आ रहे हैं
बांग्ला–वन के किसिम किसिम फूल
खुद को नये साज में सजा रहे हैं।
कितने किस्म के फूलों के नाम
कितने प्रकार के उनके आहार
चंद्रहारा देख मन विहँसता
देखूँ रंग प्राचुर्य की बहार।
वन–पलाश (भार्विना)–लाल, गुलाबी, सफ़ेद
बैंगनी के बीच फागुन
प्याजी–पीत, कत्थई और
रंगों के बीच अगन।
डानानथास* भी फिर
बैंगन गुलाबी सफ़ेद

ग्याजिलिया* पीत कमला
देखने में हैं ढेर ढेर।
स्याल्भीया लाल
जारबेरा भी लाल
कसमस–कमला सिन्दूरी
पेड़ों पर झिलमिल धूप–क्यारी।
फ्लक्स–सफ़ेद–सफ़ेद–गुलाबी
एन्टी–हाइनाम पीत गुलाबी
सारे फूल हों जैसे अपने मिलनसार
इंपेशेन्स सर्वदा कमला से सदाचार।
मार वाली फिर बैंगनी रानी
लगता है जैसे सब को चीन्हूँ।
बांग्ला के वनों में फूलों की बहार
रंग वर्ण में प्रकृति का समाहार।
देखने में जैसे दिखने में वैसे
फूल सुन्दरिया हों रत्न–जटित मणिहार जैसे।

* फूलों के नाम

वनांजलि

वनांजलि के वनबसन्त में
मङ्गपङ्ग सुन्दरी
वन तोते के रंग की बहार में
वनमोर मनमंजरी।
वन अरण्य मेरी राह में
राह की दिशा सहज करें
हरे दिगंत में नवीन प्राण
नव जीवन पाये।
वन के निकट ही नदी का जल
झिलमिल करता जाय
तिस्ता के निकट पत्थर कंकड़
कल कल करती जाय।
मङ्गपङ्ग के निकट ही है एक छोटी नदी
लिस और पिस
तिस्ता के निकट है घर बनाया
इतना तो है प्रकृति का आशीष।
कोई भी आएगा कोई भी जाएगा
कोई भी देखेगा सौन्दर्य
दुख न देना वन अरण्य को
सारे प्रकृति के आश्चर्य।

डूयार्स के पेड़-पौधे

वनवितान के जंगली पेड़-पौधों में
हैं पेड़ वृक्ष और पक्षी
मन में आता है जैसे बार बार आऊँ
उनके बीच, उन्हें चीन्हूँ, देखूँ।
शाल-सैगुन-लसुनी
और चावल व दाल के विटप(पेड़)
उसके निकट छोटा तालाब
तैरती रहतीं जिसमें मछलियाँ सब।
मुचकुंद जामुन कदंब
हर्रे और बहेरा
अमला व शिरीष
जारूल-सिधा-पाकसाज
आकाशीवृक्ष और मोरचा।
चिकराशि-चिलधनि-सेमल-मैना
मदार-काईनजल-कदंब
हल्दी-गमारी-मालगिरी
कोयला महगिनी के कई किसिम।
लाटौर-जंगली कटहल-यज्ञ डुमुर
नागकेशर-जामुन-गोकुल
गिनारी-श्यावड़ा-गान्टे
कंचन-चोटार कूल।
उलटकम्बर-मालती-सिन्दूर
चिहोरलता-कंचनलता

जंगलीपान-पानीलहड़ा
संग में असम लता।
वासक-वनतुलसी-मयनाकाँटा
हाटूभांगा-भटकोइया-लज्जावती(छुई-मुई)
वनवृक्ष-शतमूल
सर्पगन्धा-सब वन वीथियाँ
ईश्वरमूल और पिपली सह
बांग्लावन की अजस्र वृक्ष माताएँ
खड़ी हैं सिर उन्नत करके
वृक्ष राजाओं की यही गौरव गाथाएँ।

झरे पत्ते

कतार कतार पेड़
खड़े हैं
मङ्गपङ्ग से चालसा
झड़ापत्ता सभी झड़ें
पड़े हैं लिये
नये भविष्य का भरोसा।
पुराने पत्ते
सभी पड़े हैं
सूखे पत्तों की खड़खड़ाहट
पत्ता फूलविहीन सूखे पेड़
खड़े हुए हैं कतार दर कतार।
देखकर कभी मन ही मन सोचूँ
शीत के झड़े पत्तों से झगड़ा करूँ।
हरियाली को छोड़ कभी अरण्य हुआ?
नहीं शोभते केवल शाख और डालें
लगता है पेड़ का शरीर हो गया खराब है
मन में आता है उनके मन की अशान्त ज्वाले।
कब आएँगे उनके नये पत्ते
कब बनेगा उनका नया हिसाब खाता!!
उन्हीं की ओर ताके बैठा वन अरण्य
हरा जनमता है हरे के जन्य।
एक ओर देख रही झड़ा पत्ता
दूसरी ओर जारी है नवीन की जयगाथा

ताज़े हरेपन से भर गया है
नवीन पत्तों का ठिकाना।
जैसे सभी का सबकुछ है जाना।
शाल वृक्ष का जैसे प्रदर्शन चल रहा
चालसा का पथ घेर
शान्त प्रकृति का हरितायन
सबको जैसे रहा पुकार।
निकट ही है दोनों किनारे चाय का बागान
हरे पेंट से है जैसे गूँथा
मङ्गपङ्ग से चालसा
रास्ता लगता मन में टंका॥
मङ्गपङ्ग के इस शान्त प्रभात में
तिस्ता जैसे हँसती है,
उसी के बीच कु झिक-झिक,
प्रकृति की वहर जागती है।
मन लुभाते फूलों की विभिन्नता में
बांग्ला वन है जैसे घिरा
एक बार आने पर ही यहाँ से
लौटने की होती न कोई इच्छा।
इस जगत की प्रकृति के बीच
कोई भी आएगा, जाएगा
बांग्लावन की वनसुन्दरी
सबको याद रख पाएगी क्या!!

गर्जन

गर्जन में
तटिनी-तट पर संगीत की लहरी
जल-चाँदनी के जलसमुद्र में
लहर समुद्र में तमसाच्छन्न सुन्दरी।
जल गर्जन के स्त्रोतों के धक्के से
स्त्रोतस्विनी जलधारा उन्मुक्त
और स्त्रोत की तटिनी के तर्जन में
समुद्र माता आशीर्वाद से सिक्त
इन्हीं के बीच एकफला
निस्तब्ध चाँद मामा
ताँक-झाँक कर लहर समीप,
लहर का चल रहा उठना-गिरना।
सिर नत करे जबूथबू
कल क्या और उठेगा ?
चाँद भी होगा और
समुद्र की गर्जन भी होगी।
नहीं होगा देखने का समय हमारे लिए।
यही है जीवन-जीवन अन्यत्र जाएगा।

जलोच्छ्वास

जल जल में जलोच्छ्वास
जल जल में धक्का
ध्वनि की प्रतियोगिता में
सारी ध्वनियों को हरा है देता
समुद्र की लहरों का उच्छ्वास।
माघ की पूर्णिमा के पूर्ण चाँद के प्रकाश में
है झक झक करता समुद्र और
उसका चिकचिका बालू,
नाम है उसका बक्खाली।
एकबारगी ही नीरवता में निःशब्द से
समुद्र की लहर है बह चली
कोलाहल की सुरलहरी में
नवताल में उत्पन्न करता
है नव सुरमूर्च्छना कोई।
कहाँ सितार? और
कहाँ गिटार?
कहाँ लगता तबला?
और कहाँ एकतारा?
जैसे समुद्र-तट पर लहर के
साथ ध्वनि की तलाश में तैयार
करती है सृष्टि साधना का तारा।
सा रे ग म पा
आ गई समुद्र माँ

हम लोगों के एकदम ही निकट
चली आई है समुद्र माँ!
थी जल से कितनी दूर
किन्तु समुद्र की लहर
जागते जागते हटते हटते
चला आया हमारे आँगन-द्वार।
समुद्र को अस्वीकार करेगा कौन?

किसकी इतनी क्षमता?
प्रकृति माँ तो स्वयं ही
नहीं जानती कितनी है उसकी शक्ति।
वे खुद ही तोड़ती हैं
अपने रेकॉर्ड
वे स्वयं ही निर्मित करती हैं
नई सृष्टि।
अतएव सब थमे होने पर भी
थमी नहीं रहतीं प्रकृति माँ
और उनकी नव्य नव्य दृष्टि।

मध्य रात्रि में

निस्तब्ध रात के मध्य लग्न में
समुद्र स्तब्ध निस्तब्ध लग्न में
सो पड़े हैं सभी
समुद्र हो गया है क्लान्त
सारे दिन गर्जन-तर्जन में
अनेक परिश्रम से परिश्रान्त।
समुद्र भी तब सोता है
तुम्हारे लिए क्या अभी है मध्य रात?
बीच बीच में अवश्य एक
आवाज़ तैरती आ रही है
और याद दिला दे रही है तुम्हें
तुम्हारी सभ्यता के दिन रात।
और हो तुम प्रकृति का चिन्तन
तुममें भी तो प्राण है
तुम पृथ्वी को निःश्वास दोगे
तुम सभ्यता को विश्वास दोगे
और स्वयं की मुक्ति का निःश्वास नहीं लोगे?
यह तो नहीं हो सकता
अतः विश्राम करो।
समुद्र सुन्दरी
भली रहो

स्वस्थ रहो
रहो शान्त।
तुम्हीं हो माता, तुम्हीं हो वन्या
तुम्हीं हम लोगों की प्रेरणा।

प्रकृति तीर्थ

आऊँगी बार बार लौट कर
समुद्र तट के किनारे।
लहर लहर मिलन शंख रखेगा मुझे जकड़
अज़ान के सुर में छन्द मिला
सुर को रखूँगी पकड़।

धीर समुद्र का शान्त जल
थोड़ा सा स्पर्श देना जी प्राण को
तट के उस शीतल जल में
जीवन चलेगा नये संधान को।

उदास वातावरण के सफ़ेद बालू में
चिक चिक करता है मन।
और पूर्णिमा के चाँद की ज्योत्स्ना लग्न में
धन्य हो जाता है जीवन।

इस बांग्ला की प्रकृति की गोद में
उल्लास और उच्छ्वास में है सृष्टि
पहाड़ से लेकर नदी सागर तक में सर्वत्र ही जीवन है मिष्टी।

माटी का घर और ढेंकी का चावल
संग में नमक मिर्च ज़रा सा

आज भी जीवन के प्राण की सम्पदा
बच रहने की, रहती नहीं है शंका।

चाँद रात और जमीन की फसल
नाला नहर तालाब और नदी का जल
सेंवार भरे तालाब में कमल पत्तों की डगमग
ग्राम सर्वदा ही धूप से जगमग।

मिट्टी की सीढ़ी पर तुलसी प्रदीप
शंख की ध्वनि और सन्ध्या का दीप
उलुध्वनि* और अज़ान का सुर
यह बंगाल हमारा बहुत मधुर।

बांग्ला के आँगन में माँ का आँचल
अम्मा की दुआ से मन की फसल
संहति के तीर्थ में प्रकृति तीर्थ में
उन्नत सिर सह चित्त सुतीर्थ में।

यही है हमारा अहंकार
गौरव है जो प्रकृति बंगाल की,
इसीलिए बार बार आऊँगी लौट
हृदय है जहाँ प्रकृति तीर्थ की।

कभी पहाड़, कभी सागर में
यहीं है मुक्ति, यहीं है मुक्ति
सृष्टि सुख के उल्लास में
समुद्र-कन्या के निःश्वास में
आएँ बचे विश्वास में॥

जंगलसुन्दरी

झाड़ग्राम से लोधाशुली*
दे गया अरण्य में अंजलि
शाल–चिरौंजी के बीच के अन्तर में
कितने बुलबुल अंकन करते ताँक–झाँक में

बेलपहाड़ी लोधाशुली झाड्ग्राम
देख आई कितने जीवन के संग्राम
रास्ते के मनुष्यों का जन–उत्थान
शान्ति की ललित वाणी का जयगान।

यही चाहा था जंगल महल ने
यही था सबका नगाड़ा मृदंग।
शान्ति की राह पर मनुष्य रहें
जंगलसुन्दरी कल्याण सह रहे।

बेलपहाड़ी से लेकर बाँसपहाड़ी
चढ़ाई उतराई पार कर चल रही है गाड़ी।
रूखी मिट्‌टी में पेड़ जंगल के
तप्त दग्ध उपकरण गरमी से।
केंदु–पत्ते सब सिर उठा कर
खड़े हैं सारे जंगल में फैलकर।
वन ही है जिनका संसार,
और जंगल है जिनका घर।

नगाड़े मृदंग और चीत्कार में
झूमर माटी का स्वर।
माजूगड़ा बेलपहाड़ी
माटी के घर पाँत दर पाँत
जमतलगड़ा सेतु पार कर
पलाश फूल को मन में रखकर
जंगल रहस्य के निर्णय भेद कर
चली है गाड़ी अपने पथ पर।
ढूँढ़ पाई एक गरमी का पहाड़
था वह बाँकुड़ा पुरुलिया झारखंड का बॉर्डर।
झिलमिल झिलमिल मुकुटमनीपुर,
झाड्ग्राम से नहीं है जी बहुत दूर।
कंसावती और शिलावती के मेल में
राजमाटी मिल गई है सुन्दरी के मुहाने में।
नगाड़ा मृदंग झूमर गीत में
रास्ता चल रहा है नाव अभियान में
ट्रेकिंग और रॉक क्लाइम्बिग
होते पहाड़ों में बहुत चारमिंग
छाऊ नृत्य के ताल ताल में
शंख ध्वनि बज रही है घर में,
अजान की ध्वनि है मन ही मन में
सम्प्रीति का खिंचाव घड़ी घंटी में,
बेलपहाड़ी से लेकर बाँसपहाड़ी तक
है जंगलमहल-भूमि हमारी बहुत सुन्दरी।

अपवाद

सूर्य डूबने पर भी फिर उदित होता है
इसीलिए तो वह प्रातः-सुवर्ण-ज्योति होता है।
सागर की सफ़ेद बालू जैसे किनारे आकर
चिक चिक करती चमक उठती है धूप में,
वैसे ही सूर्य भी है प्रातःकाल का प्रातः-राजा।
चन्द्र सूर्य और तारों का जैसे प्रतिदिन
और हर एक रात होती है,
मानव जीवन में भी वैसे ही दिन और रात होते हैं
फिर भी आदमी अपवाद है।
मनुष्य जीवन एक बार चले जाने पर
और फिर लौट कर नहीं आता।
उदित होकर चलता है जीवन
लेकिन अस्त होकर कभी नहीं।

लौटकर / वापसी

फिर आऊँगी लौटकर
इसी पृथ्वी की गोद में,
जन्म लूँगी अपने घर में
टूटी कुटीर के निकट द्वार में,
ऊँचे बच्चे के प्रसूत गृह में
धन्य होऊँगी जी नए रूप में।
छोटी कन्या के जूड़े को पकड़ कर
फिर खेला करूँगी नदी के तीर पर
घोंघे चुन आँचल में भरकर
सभी के लिए दूँगी माला गूँथकर।
शालिक पक्षी के डैने डैने पर
रंग कर दूँगी फागुन की भोर में
कबूतरों के सफ़ेद डैनों डैनों पर
शान्ति लाऊँगी तुम्हारे आँगन में
एक गुच्छे काले केशों के संग में
कोयल बैठाऊँगी केशों की टोकरी में
हरे खेतों की फसल के किनारे
सूर्यमुखी बन खिलूँगी नये सिरे से
रँगी हुई माटी के आड़े तिरछे पथ पर
पैदल चलूँगी लाल धूलों की संगत कर
छोटी छोटी चुनो मछली के बीच
सुन्दर लगेगा मत्स्यकन्या की साज पर।
एक झुंड बतख के बीच में

मिल जाऊँगी तैरने की बान पर।
कमल पत्ते और कुमुद के बीच
मिट्टी पोत कर उन्हें सजा लूँगी
पोखर–जल में स्नान कर लूँगी
ग्राम–कन्या बन लौट जाऊँगी
आऊँगी लौट शान्ति की गोद में
धन धान के सुगन्धित सकाल में।

आगामी शताब्दी में

आगामी शताब्दी में
हममें से कोई नहीं रहेगा
इस धरती पर।
शायद रहेंगे किसी सागर के मुहाने पर,
बालू के कणों के साथ मिल कर
अथवा किसी मेघ-सागर के जल-कण की नोक पर।
सम्भवतः बहूँ किसी केले के पेड़ के बेड़े पर
अथवा किसी प्रदीप की बत्ती बन कर
माटी के दीये में रहूँगी सिर उठा कर
या, कभी हो भी सकता है
झूलूँगी गायिका चिड़िया बन कोयल के आश्रय में।
हो सकता है, फिर गौरैया होकर
अपने घर के आँगन में
किचिर मिचिर करके
गीत गाते हुए सोचूँगी
गत जीवन की गाथाएँ
अथवा, जगह लूँ कबूतर बन कोने में।
गुड़गुड़ करके गीत गाऊँगी,
नहीं तो फिर धूल भरे पाँवों से
घूम सकती हूँ पूरी पृथ्वी के
इस छोर से उस छोर तक!
जिस दिन शायद आगामी पृथ्वी का
कोई हमें नहीं भी पहचान पाएगा।

दुख नहीं उससे।
जन्म लेगा नया शिशु
खिलेंगे अनेक फूल और कलियाँ
घटेंगी और भी सैकड़ों घटनाएँ।
तब भी लगेगा, यही तो उस दिन की बात है
शताब्दी आएगी, चली जाएगी
जीवन आएगा, जीवन चला जाएगा
किन्तु पृथ्वी आगे बढ़ जाएगी।
थमेगी नहीं—चलना नहीं थमेगा!
आओ, फिर नये नये रूप में
नई पृथ्वी
नवीन शताब्दी
नया जीवन।
थमने का नाम नहीं है जी जीवन
आगे बढ़ते जाने का नाम ही जीवन।
यही है पृथ्वी, यही है शताब्दी।

सुकना

शान्त है पृथ्वी,
प्रकृति है भरी।

नदी–पहाड़–जंगल
सभी हैं प्रकृति हेतु मंगल।

सुकना का रास्ता पकड़ कर आगे
चली मैं जंगल छूते।

पाँत पाँत हरियाली का मेला,
मायावी हरीतिमा खेल रही खेला।

किच–मिच पक्षी की पुकार,
जैसे हो कहती छोड़ यार।

दोनों ओर मोर पाँख फैलाये
पुकारता है मानो हृदय जोड़े।

वानर की सेना पेड़ के तले
जंगली लिचू पेड़ से झूले।

बीच बीच में जंगल के फल,
और है संग में तिस्ता का जल।

कहीं कहीं चम्पा फूलों की गन्ध,
वन पहाड़ियों में पसरा रंग का छन्द।

वर्षा तिथि पर वन के बीच
'वर्षण' की याद आए मन बीच।

वनांजलि की वन वर्षा में
जंगल में आया प्राण स्पर्श में।

चल रहा हूँ अभी नदी के रास्ते
तृष्णार्त नयनों से देखते ताकते।

पहुँच गया नदी के आकर्षण से,
जल को छुलाया पान हेतु शरीर के।

लगता है शरीर हो गया शान्त है
नदी का जल कितना पवित्र है।

कंकड़ पत्थर के मेले में,
जलस्त्रोत की अविकल धारा में।

मन मन्दिर के सुन्दर बेड़े में,
प्रणाम करूँ मैं प्रकृति तुम्हें।

लौट आया फिर प्रकृति छोड़ कर
चाय बागान के पथ पकड़ कर।

वन-कर्मियों को साक्षात घेर कर,
धन्य हुई मैं गाँव के छोर पर।

मन न चाहा, फिर भी लौट आई
तिस्ता माँ, फिर आऊँगी, कह कर गई।

धन्य हूँ मैं

मेघों के पहाड़ में उड़ी जा रही थी मेघों के साथ साथ
मेघ आया है राजपथ पर
मिला है इस धूल भरी माटी में।

आकाश से उतरा है मेघ, मेघ उड़ रहा है पथ पर
मेघ-आकाश में मेघाछन्द, पहाड़ मानो मेघ-आलय।

मेघ-मल्हार गाते मेघ-कुंडली से होकर पार हो गई,
मेघ सकाल देखा
देखते देखते कार्सियाँग पाया।

इस बार आई सोनादात में, मेघ-दोपहरी रिमझिम
इसके बाद ही आया टूँ
मन को लगा सन्ध्या-आरती का घंटा बज रहा झूमधूम।

टूँ की राहों को पार कर आई अब जोरबंगले,
लगा मानो
मेघ-माँ ने फिर पुकारा मुझे चाय पीने के लिए।

पहाड़ पार कर इस बार जाते हैं हम घूम की ओर,
साँझ को ही सो पड़ा है घूम
पहाड़ तब हो गया है एकबारगी ही निस्तब्ध निश्चेष्ट।

दार्जिलिंग पहुँचने से पहले ही लगता है
मिलेगा पहाड़ी झरना
वृष्टि की उथल-पुथल से मधुर लगेगा पहाड़-घराना।

मेघ वृष्टि का पहाड़ी खेल, प्रकृति का एक अमोघ विस्मय,
जितना देखूँ मन भर जाय
जी में आए पहाड़ को करूँ विजय।

यह जैसे मेरा चिन्हा ठिकाना, सभी को लगता है पहचानती हूँ,
जितना ही देखूँ उतना ही सोचूँ
और भी ज्यून प्यार करना जानूँ।

पहाड़-जंगल-समुद्र से घिरी विचित्र यह बंगभूमि
जितना ही देखूँ बांग्ला माँ को
होऊँ मैं धन्य उतना ही।

आसमानी

आकाश के ऊपर भी एक आकाश है।
उसके ऊपर भी मेघों का है जमात
कभी रुका हुआ, कभी जमा हुआ
कभी नृत्यवृष्टि, कभी उथल-पुथल।
कभी सफ़ेद, कभी नीला
कभी काला, कभी सुशील
कभी शान्त, कभी भयंकर
कभी मधुर, कभी नीलांबर
कभी सृष्टि, कभी वृष्टि
कभी दृष्टि, कभी इष्टि
कभी धूप में झिलमिल
कभी जलधारा में चमचम।
कभी मेघ उतर आता मिट्‌टी पर
कभी तो घिरा रहता चन्द्र-सूर्य और नक्षत्र पर।
कभी महाकाशचारियों के पदार्पण में
कभी तो वैज्ञानिकों की गवेषणा में
कभी सभी मेघ-मयूरी के पंखों में
कभी तो कालवैशाखी की तूफानी हवाओं में
कभी तो सेमल-पलाश के इंद्रधनुष की छाया में
कभी तो बसन्त-उत्सव के मेघों के झूले में
आकाश, तुम हँसो
मिट्‌टी की पृथ्वी को प्यार करो।

सागर तीर्थ

मकर संक्रांति का आईना
पिट्ठा भरी मिठाई छोड़ी जाय ना।

पिट्ठा भरी मिठाई खीर
साथ में जयनगर का मोया, पीर।

सागर स्नान और मकर प्रणाम
कपिलाश्रम का तीर्थ सम्मान।

सागर बीच बालू का चर
यदि होता मेरा इक घर!

सागर के मुहाने और
लहरों से गंदलाया जल।

पौष त्योहारों पर होता पिट्ठे
खीर की हलचल।

सुन्दरवन का सूर्योदय
आकाश समुद्र सब स्वप्नमय।

नदी, सागर और मुहाना
जैसे हों सागर की तीन कन्या!

सजनेखाली और पक्षियों का घर
मेघ-धूप में रहा हँसी बिखेर।

बकखाली और झडखाली
जैसे हों सद्यः फूलों की डाली।

छोटी नाव और एक मुट्ठी भात
एकबारगी करे स्वर्ग को मात।

मरिचझाँपी का रोना
दुख की दौड़ थमे ना।

और आया था आयला-त्रस्त
मैनग्रोव हुआ अस्त-व्यस्त।

सुन्दरवन को दुख मत देना
वो है सारी तीरथों का मुहाना।

नाम है उसका बहुत मधुर
वह अपनी ही सृष्टि सुन्दर।

तुलना

तुम सन्ध्यातारा
मैं पथहारा।

तुम सूर्य सकाल
मैं रात्रि-अकाल।

तुम हो वर्षा की दोपहर
मैं हूँ भींगा-सड़ा माह भाद्र।

तुम हो सन्ध्या के प्रदीप
मैं हूँ एकान्त निष्प्रदीप।

तुम हो पार्वण (पुण्य पर्व)
मैं हूँ केवल मरण।

तुम ज्योत्स्ना के हो चन्दा
मैं अमावस्या की हूँ फन्दा।

तुम हो सुखसृष्टि
मैं हूँ अकाल वृष्टि।

तुम हो अपना धूमकेतु
मैं उल्काओं का हेतु।

तुम हो अधिकार तुम्हारा
मैं हूँ अनधिकार।

तुम तुम्हारी सम्पदा
मेरा जीवन मेरी आपदा।

तुम सन्ध्या की आरती
मैं हूँ निष्प्रभ बाती।

तुम शेफालिका की भोर
मैं हूँ कुहासा घनघोर।

तुम पूजा की डाली
मैं हूँ अभिशप्त थाली।

तुम हो मुक्त धारा
मैं बन्धनहारा।

तुम ही हो चाँद की चाँदनी
और मैं राहों की रागिणी।

तुम ही हो तुम्हारी तुलना
और मैं हूँ स्वयं से अंजाना।

एक मुट्ठी माटी

एक मुट्ठी माटी दे न माँ रे
मेरा आँचल भरकर
मीठापन माटी का सोने से शुद्ध
देखेगा यह जग जुड़कर।

थोड़ा सा धन-धान देना माँ
लक्ष्मी को रखूँगी पकड़
नई फसल से नवान्न करूँगी
धान डंठल सर पर रख।

छोटी छोटी गौरैया पक्षी
बैठेंगी धानों के बीच
नाचें धान को घेर वे
गायें किचमिच करते गीत।

माटी की सीधी, माटी का घर
माटी के अपने स्वजन
माटी में ही स्थान देना माँ रे
माटी से है बहुत अपनापन।

कलिम्पोंग

मेघ दोपहर की सीमा पार कर
हल्की वृष्टि के जल में मैं,
भींगे रास्ते की धूल की गन्ध में
तिस्ता पार कर चलती जाती हूँ मैं...

टिंग टंग डींग डांग
हमारा प्रिय कलिम्पोंग
डेलो के डोले से निकल कर
ग्राहम्स होम को साक्षी रख
कैक्टस की रणसम्भावना देखकर
चित्रभानु की मृत्तिका (मिट्टी) छू कर
बीत गए क्षण।

उत्सवाग्नि की पावन अग्नि को साक्षी रख
पहाड़ी भाई-बहनों के संगीत की ताल पर
लहर संगीत की डुग्गी की ताल पर
आर्किड की छाया में, शान्ति के स्पर्श में,
बीत गए दिन आश्चर्य की माया में,
अजस्र प्रकृति के विस्मय झपट
हम चले हैं पहाड़ पार कर.....

जो देखा सब के सब विस्मय
प्रकृति है मेरी स्वप्नभूमि
चली आई पहाड़ छोड़कर
रख आई अपना हृदय॥

पहाड़ी पथ पर

पहाड़ रोये, हरियाली रोये,
रोये मेरा मन,
पहाड़ी वर्षा से रास्ता भी रोये,
रोये धूलों का वन।

मेघ बुला रहा, हवा काँप रही
शुरू शुरू है गर्जन,
पहाड़ी ठंडे पत्तों की नाच
हिलाता है पाईन वन।

पहाड़ को घेरे आकाश निर्जन
धूप का नहीं है दर्शन
मेघ-वृष्टि में, मेघ-मल्हार में
सूर्य ने किया समर्पण।

मेघबन्धु

मेघ आया मेरी साड़ी के आँचल में
मेघ समुद्र मेरे मस्तिष्क के कण-कण में
सर्वांग छुप गया है मेघों की चादर में
राहें भरी पड़ी हैं मेघों के जल से।

तैरते तैरते चल पड़े हैं
हम मेघ-बस्ती पार कर
मेघ-मल्हार के कार्पेट पर
वर्षा पूर्ण आषाढ़ के प्रताप को छोड़ कर।

आकाश तो काला अँधेरा एकदम
काले हिरण की आँखों की तरह
जैसे ताक रहा है लगातार,
झर झर झर रही है जलधार।

मेघों के कुछ अंश तो
घुस पड़े हैं एकदम
हमारे घरों के अंदर
जैसे एकदम आँचल में जड़े हैं।

प्रेम करना चाहा
पाया मगर कहाँ?

जाते जाते रह गए
जाना और हुआ कहाँ?

मेघों के कण-कण में जल
ठंडा शीतल जिनका अनुभव
शुरू हुआ पहाड़ी ठंडा
सामने प्रायः सारा ही
न देखा जाने लायक रास्ता।

बैल गाड़ी से भी
धीरे चल रहा गाड़ी का पहिया।
सामने दिख नहीं रहा है कुछ भी!
केवल हो मधुर मधुर शब्द
बाई-बाई!!

सोचा वही है इंगित
पहाड़ तो दे रहा है विदाई,
फिर से आना,
आऊँगी बार बार॥

सौरभ

बसन्त की सुगन्ध में
आयें मिलें हम मर्यादित ढंग में
बसन्त के रंग-प्रात में
शुभ्र सूर्य के धूपोज्ज्वल में।

होली के रंग में रंग-झूम में
फूलों की छुअन से फूल लग्न में
अबीर सने तबले मृदंग में
झूम उठे हैं सभी रंगीन ताल में।

मन रँगने वाले मन-वितान में
अबीर आभा से आवेशित आलिंगन में
उत्सव में बसन्त के नव-जागरण में
चले हैं सभी नयेपन के उद्‌देश्य में
लोग मतवाले हुए युग-संधान में।

हँसती है सुबह हँसती है धूप
हँस रहे हैं हृदय और मन
हँस रहा है मेरा मन-मन्दिर
जग रहा है आकाश-वन।

डुला रहे हैं आकाश व पवन
आओ सभी उत्सव में झूमें
रंगीन साड़ी में भर उठे निःश्वास
आओ जगाएँ एकता का विश्वास॥

शाश्वत हरा

फागुन की झोंकेदार हवा में
वन वन में लगी है फाग की
फागुनी–आग।
नया आ रहा है,
फिर एक नया साल,
चल रहा उसी का जोड़–तोड़।
कहीं तो हैं फिर से
झड़े हुए पुराने पत्ते
पेड़ है एकदम नंगा
जैसे पूरा सिर हो गया हो गंजा।
पेड़ के डाल–पत्ते
सभी गए हैं झड़—
सिर्फ कंकाल सा गया है रह।
पेड़ की शाखा–प्रशाखाएँ
रही हैं दीख।
न हैं पत्ते, न हैं
फूल अथवा फल।
सब गए हैं झड़,
तब भी है वह खड़ा
दृढ़ता से
फिर पत्तों–फूलों–फलों से
नवीन सज्जा से, सतेज हरियाली में
मानो स्वयं को वे सजाएँगे।

केवल उसका एक ही आवेदन है
अनुग्रह करके मेरा कंकाल सा
चित्र न खींचो।
कैमरा को प्रस्तुत रखो
नववर्ष में, नई साज में
मेरी सुन्दर छवि को
जानो, मिस न करो।
मैं चैत्र में हूँ झड़ता।
मैं हूँ चिर नवीन, हूँ चिर हरित।

जलभरे मेघ

जलभरे मेघ में
धूप–वृष्टि का खेल।
काले प्रकाश की विद्युई में
चमक उठता है खेल।
पेड़ों के अन्तरालों में से
 मेघों का डराना
डाल और पत्ते
हिल रहे, काँप रही धारा।
पक्षी वृंद भींग रहे हैं
बन्दर पेड़ों पर झूल रहे हैं,
केले का फूल अकेला, है मधुमक्खी नहीं
मधु रो रहा है।
जलभरे मेघ
जल के स्रोत रूप में भर रहे हैं
मेघ में जल, जलाशय
मेघ के प्राचीर टूट रहे हैं।
तोड़ो, जितना हो सके, तोड़ो
तृष्णार्त को जल दो।
सूखे को जल दो,
जलाशय में मत देना, जाओ।
मेघ के कलश भर दो
पृथ्वी की शुष्कता को भिंगोओ।
प्राण दो, जितना हो सके
छीनो मत, बचाओ, बचने दो!

क्षितिज में

क्षितिज का शून्य बाग उद्यान में
ध्रुव पथों के चराचर दें निशान
वायु की स्वच्छता अस्वच्छता के बारे में
अनैतिकता बेमानी है।
वंध्यत्व जीवन की बेला में।
अभीप्सा की अप्सरा के कंगन में
ईप्सित बालुका बेला
वासन्ती हवा की सुगन्धि में
सरसों के फूल स्वर्णखचित गोधुली बेला
मुक्त विहंगों के बहुरंगी डैनों में
सुशोभित है गोधुली का खेला।
खड़े हुए हैं दर्शनधारी
भोग पिपासुओं की कतार बट-छाया में
सफ़ेद-काली अधपकी दाढ़ी के बीच
कलेवर है चिन्तित
सर्वस्वान्त होने के खेल में।
भविष्यत् तो भग्न-दशा है
बेकार है पुकार, कालमेघ का रस
पीकर ही बढ़ेगा रक्त,
पीते जाओ, है विदाई की बेला।

भाषा

आकाश पर से जा रही थी
  देख रही थी कितने रंगों का नक्शा
तह दर तह सजाये रंग
लगता है आकाश ही
  जैसे एक कैनवास की हो दिशा।

मन कर रहा था गूँथ कर रखूँ
    तूलिका के खिंचाव से तृष्णा
लेखनी के रंगों से
नाना क़िस्मों के मन के रंगों की राशि
आँक रही हूँ कैनवास पर, भर रही हूँ भाषा।

आकाश, तुम इतने बड़े कैनवास?
उस पर सम्पूर्ण रूप से अंकन करना
सम्भव नहीं किसी के लिए, प्रकृति का पता
      नहीं—कोई नहीं जनता
प्रकृति को तो है कैनवास का नशा।

नदी का ठिकाना

बांग्ला की नद-नदियों के नाम-पता
अजय-आत्रेयी-गंगा-यमुना
इच्छामति-उसरी-कालिंदी-+कांसाई
केलेघाइ-कुनूर-खंखोला-कोपाई।
गन्धेश्वरी-गोसाबा-चुर्नी-जलंगी
तुम्हारे मेरे बचे रहने की संगी।
गन्धेश्वरी-पियाली-जलढाका
विस्मय के बीच नद-नदी टेढ़ा-मेढ़ा।
पुनर्भवा-बक्रेश्वर-बालासन
मेरा इनसे बहुत अपनापन।
बालेश्वर-बालासन-बारसती
प्रकृति की एक अद्‌भुत गति।
ब्राह्मणी-विद्याधरी-ठाकुरन
महानन्दा-मातला-टांगन।
मयूराक्षी-मेचि-मुंडेश्वरी
माथाभांगा-मुड़िगंगा-गंगेश्वरी।
तिस्ता-तोर्सा-द्वारका
दामोदर-रंगित-सुवर्णरेखा।
रायडाक-रायमंगल-रंगित
अच्छा लगने का एक छन्दमय गीत।
शालि-शिलाइ-रूपनारायण
रसूलपुर-सप्तमुखी को चाहूँ भीषण।
ब्रह्मपुत्र-हलदि-शीलावती

हरियाभांद-हुगली-सरस्वती।
अजय की शाखा हिंगले
नद नदी सारे बन्धु भले।

बांग्ला की समस्त नद-नदी का ठिकाना
विस्मय से भरपूर गंगा और यमुना।

आदिगंगा-अजय-आत्रेयी-उसरि
बराकर-बारासत-ब्राह्मण-विद्याधरी।
इछामती की प्रशाखा रायमंगल, झिला,
विद्या-कालिंदी सारी नदियों की माला।
पुनर्भवा-बक्रेश्वर-बालेश्वर-बालासन
इनसे बहुत तुम्हारा हमारा अपनापन।
बांशलइ-टांगन-महानन्दा
माथाभांगा-मुंडेश्वरी-मुड़िगंगा।
मयूराक्षी-मेचि-तिस्ता-तोर्सा
हम लोगों के जीवन का बड़ा भरोसा।
द्वारका-दारकेश्वर
दामोदर क्यों होती हैं दुखेश्वर?
रायडाक-रायमंगल-रंगित
सौन्दर्य के आह्वान में लौटाए संगीत।
दमदमा-मणि-पुकचारा-कांदराखाली
रायदीघि-शिबूयागांग-पाखीराली।
वैचापि-पुरू, वैकालमारि
धूलिभासानिगांग, चुलकाटि, आजमसमारि।
महानन्दा-कुलुर-कोपाइ
हमारी प्रिय कासाइ।
और कितनी नदियों की कितनी शाखाएँ
रास्ते में दिखें तो शान्ति पाएँ।

आँधी-2

आँधी आई झड़खाली में
सुन्दरी है नाम,
यह आँधी तो वह आँधी नहीं
जिसकी प्रकृति में हो सुनाम।
ब्राह्मसुन्दरी के गर्जन तर्जन में
बुला रही है जंगल माँ
झड़खाली की आँधी देख जायँ
नई 'आँधी' पैदल पैदल जायँ।

ब्याघ्रप्रकल्प मैनग्रोभ से घिरा
हमारा सुन्दरवन
देख देख कर आँखें नहीं हटतीं
लगते हैं सब स्वजन।

मतवाले की गोद में नदी के जल में
जीवन का बोधोदय
झड़खाली-सजनेखाली-पक्षी-आलय
में जीवन का है सुसमय
सभी को घेरे है ऐश्वर्य
विस्मय की एक अतल प्लावन में
आँधी है इसकी प्राकृतिक अतिशयता
आओ, आश्रय लें सुन्दरी अरण्य में।

तितली का संसार

तराई–डुयार्स में भरे हुए हैं
प्रकृति के विचित्र खेल
इन्द्रधनुष के रंगों की बहार में दिखता
तितली साथी का मेल।